_________________ 님께 드립니다.

_________ 년 ______ 월 ______ 일

_______________ 드림

행복도 선택이다

행복도 선택이다

내 인생을 바꾸는 긍정의 심리학

이민규 지음

더난출판

행복도 선택이다

ⓒ 2012, 이민규

초판 1쇄 발행 2012년 10월 23일
초판 3쇄 발행 2013년 1월 30일

지은이 이민규 | **펴낸이** 신경렬 | **펴낸곳** (주)더난콘텐츠그룹

상무 강용구 | **기획편집부** 차재호 · 민기범 · 임영묵 · 성효영 · 윤현주 · 서유미 | **디자인** 서은영
마케팅 김대두 · 견진수 · 홍영기 · 서영호 | **교육기획** 함승현 · 양인종 · 지승희 · 이선미 · 이소정
디지털콘텐츠 최정원 · 박진혜 | **관리** 김태희 · 양은지 | **제작** 유수경 | **물류** 김양천 · 박진철
책임편집 윤현주

출판등록 2011년 6월 2일 제 25100-2011-158호 | **주소** 121-840 서울시 마포구 서교동 395-137
전화 (02)325-2525 | **팩스** (02)325-9007
이메일 book@thenanbiz.com | **홈페이지** http://www.thenanbiz.com
ISBN 978-89-8405-686-2 13320

그림자가 싫다면
태양을 향해 돌아서면 되고,
불행에서 벗어나고 싶다면
행복을 선택하면 된다.

행복을 선택하라!

"행복한 가정은 모두 비슷한 이유로 행복하지만 불행한 가정은 저마다의 이유로 불행하다." 레프 톨스토이의 소설 《안나 카레니나》는 이런 문장으로 시작한다. 잘 풀리는 집안은 다들 화목하다는 점에서 비슷하지만, 문제가 있는 가정은 천차만별의 이유로 불행하다는 얘기다. 무슨 일을 하건 성공하고 행복한 사람들에게는 한 가지 공통점이 있다. 하나같이 긍정적이라는 것이다. 그들 역시 문제가 없는 것은 아니다. 하지만 그들은 어떤 상황에서든 긍정적인 점을 찾아낸다.

어떤 일들은 항상 어떤 사람들에게만 일어난다. 어떤 사람들은 누구를 만나든 좋은 대접을 받으며, 그 사람이 하는 일은 무엇이든 잘 풀린다. 그러나 어떤 사람들은 어디를 가든지 기분 나쁜 사람을 만나며, 그 사람이 하는 일은 어느 것 하나 제대로 풀리는 법이 없다.

불행한 일을 반복해서 겪는 사람들은 대개 그 이유를 외부환경에서 찾는다. 그러나 비슷한 상처를 입고도 더 행복한 삶을 살고, 같은 일을 하면서도 남다른 성과를 내는 사람이 주변에 한 명이라도 있다면 생각을 바꿔야 한다. 행복과 불행은 우리가 마음대로 할 수 없는 외부환경이 아니라 환경에 대한 우리들의 반응에 달려 있기 때문이다.

누구나 피할 수 없는 고통을 겪을 수 있다. 사랑하는 사람이 배신할 수도 있고, 예기치 못한 사고를 당할 수도 있다. 갑자기 해고를 당할 수도 있고, 질병이 우리를 괴롭힐 수도 있다. 하지만 이런 좌절상황에서도 부정적인 감정을 계속 유지할 것인지 말 것인지는 전적으로 우리의 선택에 달려 있다.

과거에 겪은 어떤 사건으로 인해 심한 마음의 상처를 입을 수는 있다. 하지만 우리 스스로가 과거의 희생자가 되기로 선택하지 않는 한 우리는 더 이상 과거의 희생자가 아니다. 불행한 과거는 지울 수도 없고 바꿀 수도 없다. 하지만 과거의 희생자로 남아 있을지 아닐지의 여부는 얼마든지 우리 자신이 선택할 수 있다. 고통은 불가피하지만 불행은 선택이다.

어떤 사람은 아흔아홉 개를 가지고 있으면서도 한 개가 부족하다고 생각한다. 그러나 어떤 사람은 한 개만 갖고도, 그것이 없는 것보다 낫다고 생각한다. 또 어떤 사람은 자기를 좋아하는 친구 아흔아홉 명을 곁에 두고도, 싫어하는 한 사람을 생각하는 데 거의 모든 시간을 소모하면서 괴로워한다. 그러나 어떤 사람은 자기를 이해해주는 친구가 한 명밖에 없을 때조차도, 그 한 명의 친구가 곁에 있음에 감사하며 행복해한다.

우리가 아무리 많은 것을 갖고 있더라도 가진 것을 외면하고 부족한 부분에만 초점을 맞춘다면 결코 만족할 수 없다. 아무리 재능이 뛰어나도 부정적인 것에 초점을 맞추면 결코 행복할 수 없다. 부정적인 느낌이 드는 것은 부정적인 것에 초점을 맞추기 때문이며, 부정적인 것에 초점을 맞춘다는 것은 부정적인 생각을 선택하기 때문이다. 늘 그림자만 보이는가? 그렇다면 그건 빛을 등지고 있기 때문이다. 그림자를 없애려면 빛을 향해 돌아서면 되고, 부정적인 상황에서 벗어나고 싶다면 그 안에서 긍정적인 것들을 찾아내면 된다.

우리를 불행하게 만드는 장애물을 만나면 우리는 둘 중 하나를 선택해야 한다. 장애물을 제거하든지, 아니면 우리 자신이 변해야 한다. 그러나 유감스럽게도 세상은 우리를 위해 절대로 변하지 않는다. 따라서 삶이 불만족스럽다면 우리 자신이 먼저 변해야 한다. 우울하고 화가 나고 기분이 나빠진다면 그건 우리가 슬퍼지고 분노하고 불쾌할 수밖에 없는 생각을 선택했기 때문이다.

날씨가 우리의 기분에 영향을 미친다면 날씨가 안 좋은 날에는 모든 사람의 기분이 똑같이 엉망이 되어야 한다. 하지만 날씨는 당신이나 나 또는 그 밖의 어떤 누구도 우울하게 만들 수 없다. 비가 내리는 것을 보고 우울해진다면 그건 비 때문이 아니다. 우리가 비를 보고 우울한 생각을 하기 때문이다.

어떤 사람 때문에 화가 난다고 말하는 사람들이 많지만 분노로 가득 찬 생각을 하지 않고 화가 날 수는 없다. 불쾌한 기분이 든다면 그건 불쾌한 생각을 했기 때문이고 불행하다고 느껴진다면 그건 불행하다고 생각했기 때문이다. 그러므로 부정적인 감정에서 벗어나는 것은 간단하다. 부정적으로 생각하기를 멈추고 긍정적으로 생각하기를 선택하면 된다.

여러분은 이미 이 책 읽기를 선택했다. 하지만 부탁하건대 그냥 읽지는 마라. 자기계발 서적을 산더미처럼 쌓아놓고 읽는 사람 가운데 안타깝게도 계발의 여지를 보여주는 사람은 의외로 적다. 거기에는 딱 한 가지의 이유가 있다. 그냥 책을 읽기 때문이다. 책을 읽으면서 뭔가 느끼기도 하겠지만 책장을 덮고 나서는 아무것도 실천하지 않기 때문이다. 책을 그냥 읽기만 하면 아무리 많이 읽어도 별로 달라지는 게 없다.

주변을 보면 의외로 많은 사람들이 생각없이 그냥 습관적으로 문자를 보낸다. 또 사람들은 사소한 것에서부터 비즈니스에 이르기까지 그냥 열심히 기계적으로 일한다. 무슨 일을 하건 그냥 열심히만 해서는 생각처럼 성과가 나지 않는다. 그래서 나는 내 학생들에게 이 세상에서 말과 글로 표현할 수 있는 가장 무책임한 단어는 '그냥'이라고 말해준다. 그러면서 문자 하나를 보낼 때도 그냥 습관적으로 보내지 말고 잠시라도 생각할 시간을 가져보기를 권유한다.

이 책을 손에 쥔 독자 여러분에게도 똑같은 부탁을 하고 싶다. 본문에 들어가기 전에, 그리고 책을 읽다가도 이따금 멈추고 다음과 같이 자문하기를 권한다.

첫째, Why? '나는 왜 이 책을 선택했는가?'
둘째, What? '내가 이 책을 통해 얻고자 하는 것은 무엇인가?'
셋째, How? '이 책을 어떻게 활용하고 실천할 것인가?'

그리고 책을 한 번에 죽 읽기보다는 시간이 날 때마다 한 주제씩 읽고 난 다음 잠시 멈추고 생각할 시간을 갖는 것이 더 좋다. 우리의 사고패턴은 하루아침에 만들어진 것이 아니며, 사고패턴을 바꾸려면 자신의 사고패턴이 형성된 과정과 수정방법에 대해 생각할 시간이 필요하기 때문이다. 그래서 각각의 주제 말미에는 'Do It Now'라는 장을 마련해두었다. 독자들이 한 가지 주제를 읽고 난 다음 잠시 책 읽기를 멈추고 자신의 사고패턴을 점검해봄으로써 효과적인 대안을 모색해볼 수 있는 시간을 갖도록 하기 위해서다.

그리고 책을 그냥 눈으로만 보지 말고 반드시 필기도구를 손에 들고 읽기를 권한다. 읽으면서 느끼는 바를 그때그때 책의 여백에 적어두자. 또한 'Do It Now'에 소감과 실천방법들을 적어보자. 그러고는 작은 일 한 가지라도 그날 중으로 실천에 옮겨보자.

이런 식으로 책을 읽는다면 여러분은 이 책의 공동저자가 될 것이며, 그냥 읽을 때와는 비교가 되지 않을 정도로 많은 것을 얻게 될 것이다. 하지만 사람마다 독서 성향이 다를 수도 있으므로 이 제안에 너무 구애받을 필요는 없다. 만약 멈추고 생각할 시간을 갖거나 'Do It Now'를 작성하는 것 때문에 독서의 흐름이 끊긴다고 생각되면 본문만 한 번에 주욱 읽어도 좋다. 나중에 따로 시간을 내서 한 번에 한 주제씩 읽은 후에 생각할 시간을 충분히 가지면 된다.

마음먹기에 따라 우리는 우울해지거나 비참해지는 쪽으로 결단을 내릴 수도 있고, 반대로 건설적이거나 긍정적인 선택을 할 수도 있다. 불행이 선택이라면 행복도 선택이다. 그러므로 행복하기를 선택하건 불행하기를 선택하건 그 선택에 대한 책임은 전적으로 우리 자신에게 있다.

우리가 긍정적으로 생각하기를 선택한다면 우리의 행동이 달라질 것이고, 행동이 달라지면 그에 대한 세상의 반응도 달라질 것이다. 이 책을 통해 독자 여러분이 자신과 세상을 더 긍정적인 관점으로 조망할 수 있었으면 좋겠다. 그리하여 여러분의 삶이 이전보다 훨씬 더 풍요로워지기를 간절히 희망한다.

먼내골에서 이민규

차례

2장 실패와 시련을 극복하는 긍정적 사고

3장 행복과 성공을 부르는 적극적 시도

행복한 삶을
가로막는
부정적 태도

그림자를 보면서 동시에 태양을 볼 수는 없다.

내면의 대화가 운명을 조종한다

내면적 소통 Intrapersonal Communication

당신이 하는 대화 중 가장 중요한 대화는 당신 자신과 하는 대화이다.
_지그 지글러Zig Ziglar

"말이 씨가 된다."는 속담이 있다. 평소 자주 말하던 것이 어느 날 결과로 나타나기 때문에 말은 신중하고 긍정적으로 해야 한다는 뜻이다.

실제로 인상을 쓰면서 "피곤해 죽겠어." "정말 지겨워."라고 입버릇처럼 말하는 사람치고 인생을 즐기면서 살아가는 사람은 없고, 밝은 표정으로 "할 수 있어." "감사할 뿐이야."라고 말하는 사람이 절망하는 경우는 드물다. 우리가 평소에 사용하는 말이 우리의 인생을 결정한다.

한 연구에 따르면 미국 교도소에 폭력 혐의로 수감된 재소자들 대부분이 감정을 표현하는 어휘력에 문제가 있다고 한다. 감정과 관련된 그들의 어휘력은 매우 한정되어 있고, 평소에 쓰는 단어들도 대부분 매우 난폭한 단어들이라고 한다.

예를 들어, 길을 가다 누군가와 부딪혔다고 하자. 보통 사람들은 상대방과 어깨가 부딪혔을 때 "죄송합니다."라고 먼저 말할 것이며, 기분이 좀 언짢은 경우는 "조심 좀 하시죠." 정도에 그칠 것이다.

하지만 재소자들은 다음과 같은 방식으로 완전히 다른 태도를 보인다. "뭐야 이거, 날 쳤어? 아이, 정말 열 제대로 받네. 너 한번 죽어볼래?" 하며 덤빈다는 것이다. "아이, 정말 열 제대로 받네."라는 말을 입 밖으로 내뱉는 순간 그 말은 다시 자신의 귀를 통해 뇌로 전달된다. 이 말을 들은 뇌는 열 받는데 왜 더 화를 내지 않느냐고 우리 몸에 호통을 친다. 그로 인해 더 열을 받게 되고 점점 더 격분하게 된다.

운명을 바꾸고 싶다면 자신이 사용하는 말을 신중하게 선택해야 한다. 한번 내뱉은 말은 주워 담기 힘들 뿐 아니라 행동을 결정하기 때문이다. 말도 일종의 습관이기 때문에 쉽게 고치기는 물론 어렵다. 하지만 불가능한 것도 아니다. 겉으로 표현된 말을 바꾸기 위해 필요한 전제조건을 스스로가 충족시키면 된다. 바로 내면의 언어를 먼저 바꾸는 것이다. 생각은 내면의 언어로 만들어지며 그것이 말을 만들어내기 때문이다.

소통에는 크게 두 가지 유형이 있다. 한 가지는 우리가 이미 잘 알고 있는 '대인 간의 소통Interpersonal Communication'이다. 또 한 가지는 '내면적 소통Intrapersonal Communication'이며, 이를 다른 말로는 자아 커뮤니케이션 또는 내면의 대화라고 한다. 다시 말해 내면의 대화란 인간 내부에 존재하는 자아와 자아끼리 주고받는 대화를 말한다. 우리 자신이 우리 자신과 주고받는 내면의 대화가 우리의 태도와 행동을 결정한다.

예를 들면, 월요일 아침 마지못해 출근하는 사람은 자기 내부에서 다음과 같은 내면의 대화를 주고받는다. '에이, 또 월요일이군.' '정말 일어나기 싫어.' '아, 짜증 나.' '그렇지만 목구멍이 포도청이니 얼른 나가야겠지.' 반면, 즐거운 마음으로 집을 나서는 사람은 이와 다르다. '우와, 월요일이다.' '갈 곳이 있고, 할 일이 있어서 좋지?' '맞아. 그러니 힘들더라도 짜증 내지 말자.' '얼른 가자.'

1932년 미국에서 180명의 젊은 여성들이 수녀로 첫발을 내디뎠다. 그 감격적인 순간에 그들은 자신의 삶을 소개하는 '간증문'을 썼다. 이 수녀들이 쓴 글은 70년이 지난 후에 심리학자들의 손에 넘겨졌고, 연구자들은 거기에 쓰인 문장 속에 긍정적인 정서를 나타내는 단어들이 얼마나 많이 포함되어 있는지 조사했다.

어떤 수녀들은 '매우 행복한' '정말로 기쁜'과 같은 긍정적인 단어를 매우 많이 기재한 반면, 어떤 수녀들은 이런 긍정적인 단어를 거의 쓰지 않았다. 자료를 분석한 결과, 긍정적인 단어를 많이 썼던 수녀들은 무려 90%가 85세를 넘기며 오래 산 것으로 밝혀졌다. 반면, 긍정적인 단어를 별로 쓰지 않은 수녀들은 34%만이 85세 이상 생존했다.

단어를 사용하는 습관 하나가 어떻게 이런 놀라운 차이를 만들어낼 수 있는 것일까? 우리가 사용하는 어휘가 우리의 생각을 결정하고, 그 생각이 우리의 감정과 행동을 결정하기 때문이다. 실제로 어떤 단어를 읽는 것만으로도 우리의 생각과 감정이 달라질 수 있다.

다음 단어들을 하나씩 천천히 읽어보라. '살인……' '증오……’ ‘찢어 죽일……’ ‘절망스러운……’ ‘경멸스러운……’ ‘벌레 같은……’ 이제는 다른 단어들을 똑같은 방식으로 읽어보자. ‘따뜻한……’ ‘즐거운……’ ‘사랑스러운……’ ‘건강한……’ ‘감사한……’ ‘부드러운……’ 기분이 어떻게 달라지는가?

공격적인 언어를 구사하는 사람들은 공격적으로 행동할 가능성이 많고, 따뜻한 어휘를 선택하는 사람들은 따뜻하게 행동할 가능성이 많다. 뉴욕 대학의 심리학자 존 바그John Bargh는 단어가 우리의 행동에 얼마나 막강한 위력을 발휘하는지 단순하지만 재치 있는 실험으로 증명해냈다. 그는 실험실 앞 복도에서 학생들에게 집단별로 상반된 단어가 적힌 카드를 보여주면서 그것을 활용해 문장을 만들도록 했다.

첫 번째 집단에게는 ‘공격적으로’ ‘함부로’ ‘무례한’ ‘괴롭히다’ ‘어지럽히다’ ‘강요하다’ ‘침해하다’ 등과 같은 무례한 단어들을 보여주었다. 두 번째 집단에게는 ‘존경하는’ ‘사려 깊은’ ‘감사하는’ ‘참을성 있는’ ‘양보하는’ ‘공손한’ ‘예의 바른’ 등과 같은 공손한 단어들을 보여주었다. 5분 정도의 문장 만들기 테스트가 끝나면 학생들은 진행자가 안내하는 실험실로 가서 다음 실험을 하게 된다.

연구자들은 학생들이 실험실에 도착할 즈음 일부러 실험 진행자가 누군가를 만나 대화를 하면서 학생들로 하여금 기다릴 수밖에 없는 상황을 만들었다. 연구자들이 알고 싶은 것은 어떤 집단의 학생들이 이런 짜증 나는 상황을 더 오래 참아내는지 확인하는 것이었다. 그 차이가 미미하리라는 연구자들의 예상은 빗나갔다. 무례한 단어들로 문장을 만들었던 학생들은 평균 5분 정도만 지나도 더 이상 참지 못하고 "실험은 언제 하게 되냐."면서 진행자의 대화에 끼어들었다. 그러나 공손한 단어들로 문장을 만들었던 학생들은 달랐다. 무려 82%나 되는 학생들이 10분이 지날 때까지도 연구자의 대화를 전혀 방해하지 않고 인내심을 갖고 기다려주었다.

"너 공부하는 것 힘들지 않니?"라고 물었을 때, "힘들긴 하지만 열심히 하려고 해요."라고 말하는 아이와 "공부는 싫어요!"라고 뚝 잘라서 말하는 아이의 학교생활은 어떻게 다를까? 비슷한 수준의 재능을 갖고 있어도 시간이 지난 후의 성적은 현저히 달라질 것이다. 공부가 싫다고 잘라서 말했던 아이들은 점차 공부를 싫어하게 되고, 결국은 점점 더 성적이 떨어질 것이다. 반대로 "열심히 하겠다."고 말했던 아이는 당연히 재미없는 과목도 더 열심히 하게 될 것이고, 결국은 성적이 올라 나중에는 공부 자체를 좋아하게 될 것이다. 우리의 말은 우리의 태도를 결정하기 때문이다.

달라지고 싶다면
사용하는 단어부터 바꿔야 한다

'안 된다' '싫다' '못 하겠다' 등의 부정적인 말은 실패를 부르고, '가능하다' '좋아' '해볼거야' 등의 긍정적인 말은 성공을 가져온다. 그래서 행동을 바꾸려면 일단 일상에서 사용하는 말부터 바꿔야 한다. 행복한 사람과 불행한 사람의 차이는 그들이 사용하는 말에 있으며, 사용하는 말을 관찰하면 그 사람이 어떤 사람인지 알 수 있다. 따라서 내가 어떤 상태에 있는지 알고 싶다면 자기가 평소 어떤 단어를 습관적으로 사용하는지 관찰해야 한다. 그리고 더 나은 상태로 변화하기를 원한다면 사용하고 있는 단어부터 바꿔야 한다.

좌절과 절망을 주는 말	=>	용기와 희망을 주는 말
이놈의 일 지겹다. 지겨워.	=>	할 일이 있어서 다행이다.
아, 나중에 해야지.	=>	지금 당장 시작하자.
난 원래 이런 사람이야.	=>	난 반드시 변할 거야.
나는 할 수 없어.	=>	나라고 왜 안 돼?
모두 너 때문이야.	=>	나 하기 나름이야.
해봤자 소용없어.	=>	한번 시도해봐야지.

평소에 "완전 짜증 나." "난 안 돼."와 같은 부정적인 말을 습관적으로 한다면 그 말이 어떤 결과를 초래할지 진지하게 생각해봐야 한다. 습관적으로 사용하고 있는 부정적인 말들을 찾아 긍정적인 말로 대체하면 당신의 대뇌에 행복으로 통하는 신경통로가 개설될 것이다. 그렇게 되면 언젠가 주변 사람들뿐만 아니라 당신 스스로도 놀라는 일이 벌어질 것이다.

항공업계는 아주 오래전부터 단어가 행동에 미치는 영향력을 매우 잘 알고 있다. 예컨대, 기내식으로 쇠고기 스테이크는 재료가 별로 안 남아 있고 닭고기가 훨씬 더 많이 남아 있다면 승무원들은 승객들에게 "남은 것은 닭고기밖에 없습니다."라고 말하는 대신 이렇게 말한다. "손님, 살짝 익힌 버섯과 가벼운 크림소스가 곁들여진 양념이 잘 배인 닭가슴살과 쇠고기 스테이크가 있습니다. 어떤 것을 드시겠습니까?" 승객의 선택은 불을 보듯 뻔하다.

또 다른 경우를 보자. 비행기가 고장이 났을 때 곧이곧대로 "비행기가 고장이 났습니다."라고 말하는 것과 "항공기에 잠시 기술적 장애가 생겼습니다."라고 말하는 것 중 어떤 표현이 승객들을 더 안심시키고 더 침착하게 대처하도록 만들 수 있을까?

사용하는 단어를 바꾸면 뇌가 만들어내는 감정의 종류도 바뀐다. 어떤 사람을 생각하면서 "정말 짜증 나. 꼴도 보기 싫어."

라고 속으로 중얼거리게 된다면 그 사람이 같은 공간에서 숨 쉬고 있다는 것조차도 싫어질 것이다. 이런 경우 "그 사람, 적응하기 참 어렵네."라고 말을 살짝 바꾸기만 해도 싫은 감정이 조금은 누그러진다. 애인에게 걸핏하면 "우리 헤어져."라고 말한다면 그냥 해본 말이라고 할지라도 헤어질 가능성이 현저하게 높아진다. 진심으로 애인과 헤어지고 싶은 것이 아니라면 헤어지자는 말 대신, 감정을 누그러뜨릴 수 있는 다른 어휘로 대체해야 한다. 너무 힘들어서 죽고 싶은 생각이 들 때도 조금이라도 살고 싶은 생각이 있다면 절대로 '죽어버리겠다'는 말을 입 밖으로 꺼내면 안 된다. 실제로 너무나 많은 사람들이 그 한마디 말로 자신을 죽음으로 몰아갔기 때문이다.

인터넷에 '며느리가 시어머니에게 하는 거짓말 베스트'라는 유머가 떠돌고 있다. 내용은 이렇다. 5위: 저도 어머님 같은 시어머니가 될래요. 4위: 전화 드렸는데 안 계시더라고요. 3위: 어머님이 만드신 음식이 제일 맛있어요. 2위: 용돈 적게 드려 죄송해요. 1위: 어머님 벌써 가시게요? 며칠 더 있다 가세요……. 그렇다면 며느리들의 거짓말 베스트 0순위는 무엇일까? 그건 "어머님. 사랑해요."라고 한다. 이 이야기를 읽으면서, "나는 속에 없는 말은 절대 못 한다."거나 "아부하고는 거리가 멀다."고 말하고 싶은 사람이 있을지 모르겠다.

그렇다면 속에 없는 말이지만 "사랑한다."고 말할 수 있는 며느리와 그런 말은 손발이 오글거려 꿈속에서도 할 수 없다는 진솔한 며느리 중 누가 더 시어머니와 남편의 사랑을 받고 누가 더 행복한 결혼생활을 할 수 있을까? 말할 것도 없이 전자일 것이다. 왜일까? 진실 여부를 떠나 사랑한다는 말을 반복하다 보면 처음에는 긴가민가하던 시어머니도 시간이 지나면서 점차 며느리의 말을 믿게 될 것이기 때문이다.

며느리로부터 처음 사랑한다는 말을 듣게 되면 시어머니는 속으로 이렇게 생각할지도 모른다. '너는 거짓말도 참 잘 하는구나.' 그러나 그 말을 조금 더 듣다 보면 '마음에 없는 말을 저렇게 자주 하기는 어렵겠지?' 하면서 긴가민가 할 것이다. 그 말을 계속 더 듣게 되면? '맞아. 우리 며느리는 진심으로 나를 좋아하는 것이 틀림없어.' 그러면서 며느리에 대한 시어머니의 태도는 조금씩 더 긍정적인 쪽으로 바뀌게 될 것이다. 그런 시어머니를 대하다 보면 어느 순간부터 며느리 역시 시어머니를 좋아하게 되고, 그러다 보면 언젠가는 "어머님 사랑해요."라는 말이 정말로 마음속에서 우러나오게 될 것이다.

"말이 씨가 된다."는 속담처럼 말에는 대단한 예언자적 힘이 있다. 심지어 거짓으로 하는 말조차도 자꾸만 반복하다 보면 말한 대로 결과가 저절로 이루어지는데 이를 심리학에서는 '자성

예언_{自成豫言}, Self-Fulfilling Prophecy' 또는 자기이행적 예언이라고
한다.

내 안의 또 다른 나,
내면의 대화

　　　　　　　　　　　　어떤 상사는 사랑의 언
어를 주로 쓰고, 어떤 상사는 전쟁의 언어를 즐겨 쓴다. 어떤 교
사들은 따뜻한 단어를 주로 사용하고, 어떤 교사들은 차가운 단
어를 많이 사용한다. 어떤 사람은 혼자 중얼거릴 때조차도 자신
을 믿고 격려하는 어휘를 선택한다. 반대로 어떤 사람은 자기도
모르게 자기를 비하하고 의심하는 어휘를 선택한다. 다른 사람
을 향한 말이건 혼자서 중얼거리는 말이건 그 사람이 사용하는
언어가 그 사람의 삶을 결정한다.

　존재조차 의식하지 못해도 우리의 운명을 조종하는 무언가가
우리의 머릿속에 깊이 박혀 있다. 바로 우리 자신에게 하는 내면
의 언어다. 내면의 언어는 좌절과 희망, 열등감과 자신감의 차이
를 가르고 나아가 우리 삶의 방향과 질을 결정한다. 달성하기는
힘들지만 꼭 해내고 싶은 일이 있다면 '그 일을 할 수 없다'는 내
면의 언어부터 바꾸어야 한다. 내면의 언어는 사고를, 사고는 태

도를, 태도는 행동을, 행동은 성격을, 성격은 운명을 결정한다. 그러므로 운명을 바꾸려면 내면의 언어를 바꿔야 한다.

열등감에 시달리는 사람들은 '내가 어떻게 그걸 해' '해봤자 안 돼' 등과 같은 부정적인 메시지들을 스스로 자신에게 주입한다. 나는 그동안의 상담 경험을 통해 현재 우울증이더라도 긍정적인 언어 습관을 가진 사람은 조만간 우울증에서 벗어날 확률이 매우 높다는 사실을 수도 없이 확인했다.

자신에게 다음과 같이 말한 적이 있는지 생각해보라. 그리고 어떤 일이 일어나는지 떠올려보라. "아, 일어나기 싫어. 또 월요일이야? 이런 회사를 언제까지 다녀야 해? 저런 사람들하고 일하는 게 정말 싫어." 이렇게 중얼거리는 사람에게 좋은 일이 일어날 수 있겠는가? 짜증 나는 사람들과 일한다고 투덜거리게 되면 정말로 짜증 나는 일들이 일어난다. 일이 재미없다고 반복해서 말하게 되면 하는 일마다 점점 더 지겨워진다.

내면의 대화를 관찰하고, 바꿔보자

여러 해 전 도심순환도로에서 차선 시비 끝에 급브레이크를 밟아 대형 사고를 유발한 20대 운전자가 경찰에 입건되었다. 이 운전자는 갑자기 끼어들기를 시도한 상대 차량 운전자가 이에 항의하는 자신에게 욕설을 하고 지나가자 그 차량에 다시 끼어들어 급제동을 시도해 사고를 일으킨 것으로 드러났다. 이런 식의 운전 시비는 교통사고뿐 아니라 폭행과 살인 사건으로까지 이어지고 있다.

그렇다면 이 운전자는 왜 급제동을 걸어 뒤따르는 차로 하여금 추돌사고를 일으키게 했을까? 상대 운전자가 먼저 끼어들었기 때문에? 욕을 먼저 했기 때문에? 아니다. 내면의 대화 때문이다. 상대 차가 끼어드는 순간 그의 머릿속에서는 이런 내면의 대화가 오갔을 것이다. '저거 미쳤나?' '사람을 뭐로 보고.' '가만두면 안 돼. 저런 녀석은 본때를 보여줘야 해.' '빨리 쫓아가!' '얼른 끼어들어. 이제 브레이크를 콱 밟아버려!'

하지만 똑같은 상황에서도 전혀 다른 방식으로 내면의 대화를 주고받는 사람도 있다. '뭐야. 이렇게 갑자기 끼어들면 안 되지.' '내 차를 못 봤나?' '아니 급한 일이 있어 어쩔 수 없이 그랬을지 몰라.' '가족 중 누가 아파서 응급실에 가는 길인지도 몰라.' '그러니까 그냥 이해하고 가자.'

이처럼 우리 안에는 항상 서로 대립되는 두 개의 자아가 대화를 주고받는다. 부지런한 자아와 게으른 자아, 선한 자아와 악한 자아, 적극적인 자아와 소극적인 자아. 하나의 자아는 다른 자아의 생각을 강화시키기도 하고 약화시키기도 한다.

우리 모두는 내면의 언어로 자신에게 지시를 내린다. 그러므로 감정과 행동을 바꾸려면 반드시 내면의 언어를 바꿔야 한다. 자신 안에서 주고받는 대화에 주의를 기울이지 않으면 많은 문제가 발생한다. 우리 안에는 서로 대립되는 여러 가지 자아들이 있는데 이들이 어떤 식으로 대화를 하느냐에 따라 우리의 행동이 달라지기 때문이다.

다른 사람들에게는 긍정적인 말을 많이 해주면서도 자기 자신에게는 습관적으로 부정적인 말을 하는 사람들이 많다. 우리가 분명히 알아두어야 할 게 있다. 다른 사람보다 자기 스스로에게 긍정적인 말을 들려주는 것이 더 중요하다. 부정적인 성격을 바꾸려면 자기 자신에게 다음과 같이 어휘를 살짝 바꿔 말하면 된다. "소심하고, 신경질적이고, 산만하다."고 말하고 싶을 때 "신중하고, 감수성이 남다르고, 호기심이 많다."고 말해주자. 말에는 견인력이 있다. 우리가 마음속에서 주고받는 내면의 대화는 생각을 만들어내고 생각은 행위를 유발한다.

말을 하는 주체는 사람이지만 말은 주인의 운명을 결정한다. 지금까지와는 다른 삶을 살고 싶다면 이따금 내면의 대화에 귀를 기울여야 한다. 지금껏 사용해왔던 부정적인 어휘들과 부정적인 대화들을 중단하고 긍정적인 단어들을 선택하고 긍정적인 대화를 주고받도록 해야 한다.

습관적으로 사용하는 말을 단순히 바꾸는 것만으로도 생각하는 방식, 느끼는 방식, 심지어는 살아가는 방식까지 바꿀 수 있다. 누군가를 향해 입 밖으로 내뱉는 말이든, 우리의 마음속 저 깊은 곳에서 주고받는 내면의 대화든, 우리가 하는 모든 말은 우리의 삶을 결정한다. 삶을 바꾸고 싶다면 말을 바꾸어야 한다.

작가인 버니 S. 시겔Bernie S. Siegel은 이렇게 말했다. "신의 책상 위에는 이런 글이 씌어 있다. '네가 만일 불행하다는 말을 하고 다닌다면 불행이 정말 어떤 것인지 보여주겠다. 또한 네가 만일 행복하다고 말하며 다닌다면 행복이 정말 어떤 것인지 보여주겠다.'"

❶ 월요일 아침, 눈을 뜨고 자리에서 일어날 때 행복한 사람과 불행한 사람의 내면의 대화를 상상하고 적어보자.

❷ 그동안 살면서 저질렀던 실수나 후회가 되는 일 한 가지를 떠올려보자. 그때 내 머릿속에서는 어떤 내면의 대화가 오갔을까?

❸ 잘못된 내면의 대화로 인해 나쁜 결과가 일어날 수 있는 일 한 가지를 찾아 긍정적인 내면의 대화로 방향을 바꿔보자.

그 말이 틀렸음을 증명하도록 하라!

1825년 러시아 알렉산드로 1세가 죽은 뒤에, 니콜라이 1세가 즉위하자마자 데카브리스트Dekabrist(12월 당원)들이 러시아의 근대화를 요구하며 반란을 일으켰다. 황제는 황실 근위대인 코작 기병대를 동원해 사흘 만에 이들을 무자비하게 진압하고 주동자 5명에게 교수형을 선고했다. 이때 운 좋게도 콘드라티 릴레예프Kondratii Fyodorovich Ryleev의 목을 매단 밧줄이 그만 끊어지고 말았다. 시인이었던 그는 벌떡 일어나 군중을 향해 의기양양하게 소리쳤다. "이 밧줄을 보라! 러시아는 제대로 할 수 있는 것이 하나도 없다. 밧줄 하나 제대로 못 만들지 않는가!" 그 당시, 유럽의 다른 나라처럼 러시아에서도 사형장 밧줄이 끊어진 경우, 이를 신의 섭리라 믿고 사면해주는 게 관례였다. 니콜라이 1세도 별수가 없었다. 사면장에 서명을 하다 그가 물었다. "기적이 일어난 뒤 릴레예프가 뭐라던가." 신하가 '러시아는 밧줄 하나도 제대로 만들지 못한다'고 조롱했다고 전하자, 황제는 화를 내며 사면장을 찢어버렸다. "그 말이 틀렸음을 증명하도록 하라!" 릴레예프는 다음 날 교수대에 다시 섰다. 이번엔 줄이 끊어지지 않았다. 더 이상 볼 일이 없을 거라 생각될 때가 있다. 그래서 내키는 대로 내뱉어도 될 거라 생각될 때가 있다. 그때 그 한마디를 조심해야 한다.

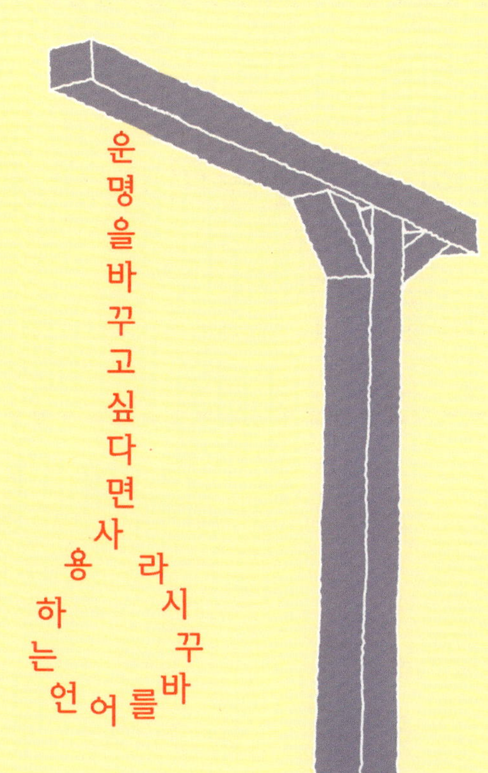

운명을바꾸고싶다면사
용하는언어를바꾸시라

세상이 음모를 꾸미고 있다

피해의식 Paranoid Thinking

모든 상황은 의미의 씨앗을 내포하고 있다.
_빅터 프랭클Viktor Emil Frankl

「어떤 사람이 가지고 있던 도끼를 잃어버렸다. 그는 틀림없이 누군가 훔쳐갔을 것이라고 생각해서 이웃집 아이를 의심했다. 그러자 그 아이의 표정이 어딘가 미심쩍어 보였으며, 자기를 보고 뭔가 겁에 질린 것 같고 힐끔거리며 피하는 것처럼 느껴졌다. 그러던 어느 날 그는 밭을 갈다 그 도끼를 발견했다. 도끼를 찾아 집에 돌아오는 길에 이웃집 아이의 거동을 보니 이제는 조금도 이상해 보이지 않았다.」

―《열자(列子)》, 〈설부편(說符篇)〉

「송宋나라에 어떤 부자가 있었다. 어느 날 장마로 담장이 무너졌다. 그 아들이 "빨리 수리하지 않으면 도둑이 들지도 모릅니다."라고 말하였다. 이웃에 사는 노인도 무너진 담장을 보고 똑같은 충고를 했다. 며칠 후 그 집에 도둑이 들었다. 그 부자는 아들은 선견지명이 있다고 생각했지만, 똑같은 말을 했던 노인은 수상하게 느껴졌다.」

—《한비자(韓非子)》, 〈세난편(說難篇)〉

의심하다 보면
모든 게 의심스러워진다

어떤 사람이 의심스러우면 그가 하는 짓마다 수상하게 보이고, 미워하면 미운 짓만 하는 것 같다. 그래서 누군가를 의심하다 보면 점점 더 의심스럽게 되고 미워하면 점점 더 미워진다. 상대방을 바라볼 때 자신의 생각을 지지하는 증거만을 선택적으로 수집해서 실제로 상대방이 그렇다고 믿게 되는 현상을 심리학에서는 '확증적 편향 현상Confirmatory Bias Phenomena'이라고 한다.

다른 사람들을 의심하고 그들이 자기에게 뭔가 해를 끼칠 것이라는 생각을 갖고 있는 사람이 있다고 치자. 이 사람은 지하철을

탈 때나 사무실에 있을 때나 항상 주변의 눈치를 살필 것이다.

눈치를 살피고 다른 사람이 자신의 의견과 조금만 다른 태도를 보여도 무시한다고 화를 내거나 경계하는 이 사람을 동료들은 점차 멀리하기 시작할 것이다. 결국 이 사람은 자기가 생각했던 대로 사람들이 자기를 싫어하며 그들을 믿을 수 없다고 결론을 내리게 될 것이다. 그러면 정말로 사람들이 자기에게 해를 끼치려 한다고 생각할 수밖에 없는 일들이 벌어질 것이다.

반면, 인간이란 근본적으로 선하기 때문에 사귀어보면 다 좋은 면이 있다고 믿는 사람을 예로 들어보자. 이 사람 역시 때로는 자기를 못마땅하게 생각하는 사람과 부딪치게 될 것이다. 그는 자기를 못마땅하게 대하는 사람에 대해서도 상대방이 뭔가 다른 이유로 언짢은 일이 있었기 때문에 그럴 것이라고 생각한다. 그러므로 상대방이 보여주는 불쾌한 태도를 별로 대수롭지 않게 생각하고 여전히 부드럽게 대하게 된다. 이런 일이 반복되면 상대방의 행동이 점차 호의적으로 바뀌게 된다. 결국 자기가 믿은 대로 사람들은 선한 구석이 많다는 점을 확인하게 된다.

이처럼 사람들을 믿지 못하고 싫어하게 되면 자연스럽게 사람들과 멀어지는 자신을 보게 될 것이고, 사람들은 기본적으로 착하다고 생각하는 사람은 좋은 사람들로 둘러쌓여 있는 자신을 발견하게 될 것이다.

　　　　　　　다른 사람들로 하여금 자기가 믿는 대로 행동하게 만드는 자기 이행적 예언이 실현되는 과정을 가상적인 예로 확인해보자.

부정적 또는 긍정적 신념에 의해서 확증적 편향이 실현되는 단계는 다음과 같다.

부정적 신념의 형성과정

1. 남자 사원A가 새로 입사한 여사원에게 커피를 타달라고 부탁하고 있다.

2. 그 남자는 여자들을 무시하는 사람이다.

3. 남자들은 모두 여자를 무시한다.

4. 남자들은 여자들을 쉽게 생각해서 자기 마음대로 하려고 한다.

5. 저기 또 다른 남자가 있다. 이 남자가 나를 무시하기 전에 내가 먼저 무시해서 선수를 쳐야 한다(영문도 없이 무시당한 남자는 자신을 방어하기 위해 되받아친다).

6. 그것 봐라. 남자들이 여자들을 함부로 대한다는 증거다.

7. 남자들은 여자들을 무시하므로 절대 잘 대해주어서는 안 된다.

먼저 상대방에 대한 부정적 선입관이나 편견을 갖고 있을 때, 그 결과로 어떤 일들이 일어날 수 있는지를 살펴보았다.

이번에는 상대방에 대한 긍정적인 태도와 신뢰감을 갖고 있을 때 어떤 결과가 나타날 수 있는지를 검토해보자.

긍정적 신념의 형성과정

1. 남자 사원 A가 새로 입사한 여사원에게 커피를 타달라고 부탁하고 있다(부정적 신념의 유발상황과 동일하게 출발한다).

2. 그 남자는 부탁을 함으로써 여자들과 가까워지고 싶어할지도 모른다.

3. 남자들은 여자들이 친절하게 대해주기를 원하며, 여자들과는 다른 방식으로 여자들에게 호의를 베풀려고 한다.

4. 남자들은 누구나 여자들에게 관심받고 싶어할 뿐만 아니라 여자들을 도와주고 싶어한다.

5. 저기 또 다른 남자가 있다. 이 남자가 나에게 원하기 전에 내가 먼저 그가 원하는 것을 챙겨주어야겠다(예기치 못한 호의를 받은 그 남자는 보답을 하기 위해 내가 어려워하는 일을 도와준다).

6. 그것 봐라. 남자들이 여자들에게 호의를 받은 것에 대한 고마움을 다른 방식으로 도와준다는 증거다.

7. 사람들에게 베푼 호의는 우리에게 다시 되돌아온다. 그러므로 누구에게든 먼저 호의를 베풀어야 한다.

의심이 많은 사람들은 세상이 항상 자신을 향해 나쁜 음모를 꾸미고 있다는 '피해의식Paranoid Thinkings'이 강한데, 이런 성격특성을 갖고 있는 사람을 편집성 성격장애자라고 하며 이들의 특성은 다음과 같다.

● 피해의식이 강하다: 편집성 성격장애자들은 사람들이 자기를 부당하게 착취하고 해를 끼칠 것이라는 생각에 사로잡혀 있다. 따라서 근거 없이 주변 사람들을 의심하기 때문에 선의를 베푼 경우조차도 자기를 해치려는 의도가 있을 것이라고 생각해서 증거를 찾아내려 애쓴다.

● 불신감이 강하다: 이들은 사람들을 믿지 못한다. 상대방의 행동을 액면 그대로 받아들이지 못하고 숨어 있는 동기를 찾으려 애쓰며, 사람들이 자신을 무시하고 경멸할 것이라고 생각한다.

● 마음을 열어놓지 못한다: 이들은 자신의 비밀이나 속마음을 털어놓는 것을 지극히 꺼려한다. 왜냐하면 남들이 그것을 빌미로 자신에게 해를 끼칠 수 있다고 생각하기 때문이다.

● 농담을 받아들이지 못한다: 이들은 타인이 별 생각 없이 한 말이나 가벼운 농담에도 민감하게 반응한다. 농담 속에 비난하거나

경멸하려는 의도가 있다고 해석하며 칭찬에도 비웃는 것이 아닌
지 그 저의를 의심한다.

- 원한을 쉽게 풀지 못한다: 이들은 모욕이나 경멸을 당했다고 판
단되면 상대방을 용서하지 못하고, 한번 원한을 품으면 어떤 식
으로든 보복을 해줘야 한다고 생각한다.

- 즉각적으로 반격한다: 이들은 갈등상황에서 융통성 있게 대처하
지 못하고 쉽게 긴장하고 표정이 굳어진다. 사소한 일로 기분이
나빠질 때도 강한 적개심을 느끼기 때문에 과도하게 분노한다.

- 시기심과 질투심이 강하다: 이들은 타인의 소유에 지나친 관심
과 시기심을 느낀다. 충분한 근거가 없는 상황에서도 배우자나
연인의 부정을 의심하고 병적인 질투심을 느낀다.

지금까지 편집성 성격장애 진단 기준을 살펴봤다. 당신은 몇
개나 해당이 되는가?

우리는 어떤 상황에서도
긍정을 선택할 수 있다

불행한 사람은 자신이
잘못해서 일을 그르친 상황에서조차 세상이 자신을 해치기 위

해 음모를 꾸미고 있기 때문이라는 피해의식을 갖고 세상을 살아간다. 이에 반해 행복한 사람들은 예기치 못한 사고를 당한 상황에서조차 애써 좋은 점을 찾아낸다. 덧붙여 세상이 자기에게 좋은 일을 만들어주기 위해 일을 꾸미고 있기 때문이라고 믿으려는 경향도 있다. 이처럼 세상이 자기를 해치려 한다는 피해의식과 정반대로, 고통을 겪을 때조차도 그것은 세상이 자기에게 좋은 일을 만들어주기 위해 일을 꾸미고 있기 때문이라고 믿는 사고방식을 '역逆피해의식Inverse Paranoid Thinking'이라고 한다.

어떻게 하면 피해의식에서 벗어나 역피해의식의 태도를 개발할 수 있을까? 어려운 상황에 처할 때마다 스스로에게 다음과 같은 세 가지의 질문을 단계적으로 던지면서 답을 찾아보면 된다. 교통사고로 다리가 부러졌을 때를 가정해보자.

첫째, 불행 중 다행이라고 생각하면서 "이 상황에서 다행이라고 생각하는 점은 무엇인가?"라고 자문한다. 그러면 "죽지 않아서 다행이다." "컴퓨터 작업을 해야 하니 다리가 부러진 게 손이 부러진 것보다 낫다." "보험을 가입해놔서 그나마 치료비 걱정은 없다."와 같은 답을 찾게 된다.

둘째, "그래도 아쉬운 점은 무엇인가?" 좋은 점을 찾고 난 다음에 부정적인 점이 있다면 그게 무엇인지를 묻기 때문에 당신은 처음부터 부정적인 생각만 하는 것과는 다른 답을 얻게 된다.

이런 답을 찾게 될 것이다. "그래도 다리가 부러졌다는 것이다."

셋째, "어떻게 하면 이 상황을 긍정적으로 활용할 수 있을까?" 이 질문은 누군가를 원망하고 짜증을 내는 대신 전화위복의 계기를 마련해준다. 이런 답을 얻게 될 것이다. "술자리를 피할 수 있어 간에게 당분간 휴식을 줄 수 있다." "방어운전의 중요성을 새롭게 깨달아 사고 예방책을 준비할 수 있다." "밖을 돌아다닐 수 없으니 그동안 읽지 못했던 책을 읽을 수 있다."

마거릿 미첼Margaret M. Mitchell은 〈애틀랜타 저널〉의 기자였는데, 어느 날 발목을 다쳐 집밖으로 나갈 수 없게 되었다. 그녀는 남편에게 부탁해 도서관에서 닥치는 대로 책을 빌려 읽기 시작했다. 3년이 지나 더 이상 빌려올 수 있는 책이 없자 남편이 그녀에게 말했다. "여보, 도서관엔 몇몇 과학학술지를 빼고는 당신이 읽지 않은 책이 없어요. 차라리 이제 직접 책을 써보는 건 어때요?" 고민 끝에 그녀는 펜을 들었다. 그리고 10년 만에 《바람과 함께 사라지다》를 출간했다. 〈뉴욕타임스〉는 이 책에 대해 '유명 작가의 첫 작품이 세계적 베스트셀러가 된 첫 사례'라고 대서특필했다.

우리 모두는 연습을 통해 자신의 인생을 점점 더 풍요롭게 만들 수 있다. 이것이 바로 행복한 삶의 첫 번째 비밀이다. 행복한 삶을 사는 사람들 대다수는 한때 인생의 위기를 겪었지만,

한결같이 그 곤경을 이겨냈다. 어떤 상황에서도 긍정적인 의미를 부여하는 방법을 터득했기 때문이다.

위기를 기회로 만드는 질문의 3단계(예: 실연을 당한 경우)

1. 이 일에서 불행 중 다행인 점은?: 실연을 당했지만 결혼해서 자녀들까지 둔 상태에서 나를 배신하는 것보다는 약혼도 안 한 상태인 지금 상대방의 인간성을 파악할 수 있어 다행이다.

2. 그래도 여전히 나쁜 점은?: 헤어지고 나니 외롭고 쓸쓸하다. 배신을 당했다고 생각하면 화가 나서 미치겠다. 그런 인간에게 모든 것을 바쳤던 자신이 한심하다.

3. 전화위복의 기회로 만들려면?: 그동안 읽지 못했던 책을 읽을 수 있다. 혼자 여행도 즐기고, 그동안 소홀했던 친구들을 만나봐야겠다. 상대방이 나를 떠난 것을 후회하게 자기계발에 시간과 에너지를 투자해 반드시 성공하겠다. 더 좋은 사람을 만날 수도 있다.

　　로이드 은행의 전직 CEO 스펜스는 앞을 보지 못한다. 그는 다음과 같이 말하기를 좋아한다. "지금까지 나에게 일어난 일 중 최고의 행운은 눈이 먼 것입니다." 세계적인 사이클 선수 헨리 암스트롱은 오랜 암 투병 끝에 사이클 경기장으로 다시 돌아왔다. 그리고 세계적인 사이클 선수권 대회인 '투르 드 프랑스'에서 우승했다. 그는 이렇게 말했다. "나에게 일어난 일 중에서 최고의 행운은 암이었습니다. 암은 나에게 기적을 일으켰습니다."

인간은 자신이 받고 있는 고통에 의미가 있다고 확신하게 되면 어떤 끔찍한 상황에서도 그 고통을 보다 평화스럽게 처리할 수 있다. 삶의 의미를 발견하기 위해 일부러 고통을 자초할 필요는 없지만 어쩔 수 없이 겪어야 하는 고난이라면 반드시 그 속에 숨어 있는 의미를 찾아내려고 노력해야 한다. 그래야 마음의 평화를 유지할 수 있고 더 행복한 삶을 살아갈 수 있기 때문이다. 역피해의식적인 태도는 교통사고나 실연 혹은 사기를 당했을 때, 시험에 낙방을 했을 때 등 모든 고통스런 상황에서 다시 일어설 수 있도록 우리에게 용기를 준다.

이처럼 역피해의식이 강한 사람들은 고난에 처하더라도 그 상황이 자신에게 가르쳐주려고 하는 것이 무엇인지를 찾아내 전화위복의 계기를 만들어낸다.

그렇다면 그대는 세상이 그대에게 해를 끼치기 위해 음모를 꾸미고 있다고 생각하는 편인가? 아니면 어떤 어려움에 처했을 때도 그것을 세상이 나에게 좋은 일을 만들어주기 위해 일을 꾸미고 있다고 생각하는 편인가?

❶ 누군가로부터 상처를 받거나 견디기 힘들 정도로 고통을 받았던 일 한 가지를 찾아 적어보자.

---

❷ 사실 여부와 상관없이 계속 피해의식에 사로잡혀 있을 때 일어날 수 있는 부정적인 파급효과들을 찾아보자.

---

❸ 위의 일을 전화위복의 계기로 만들 수 있는 방법들을 찾아보자. 역피해의식적인 태도를 갖게 되면 나타날 긍정적 파생효과들을 찾아보자.

하늘이 시련을 주시는 까닭

하늘이 어떤 사람에게 큰 임무를 내리려 할 적에는, 반드시 먼저 그의 마음과 뜻을 고통스럽게 하고, 그의 힘줄과 뼈를 피곤에 지치게 하고, 그의 육신과 살갗을 굶주림에 시달리게 하고, 그의 몸에 아무것도 남아 있지 않게끔 한다. 그러고는 그가 행하는 일마다 그가 원하던 바와는 완전히 다르게 엉망으로 만들어놓곤 하는데, 그 이유는 그렇게 함으로써 그 사람의 마음을 뒤흔들어놓고 그 사람의 성질을 참고 견디게 하여, 예전에는 해내지 못하던 일을 더욱 잘 해낼 수 있게 해주기 위해서다(天將降大任於是人也 必先苦其心志 勞其筋骨 餓其體膚 空乏其身 行拂亂其所爲 所以動心忍性 增益其所不能). 그대가 겪고 있는 시련은 무엇이고, 하늘이 그대에게 맡기려고 하는 임무는 무엇인가?

— 《맹자(孟子)》, 〈고자편(告子篇)〉

인생에
크게 실패하고
극복해낸
경험이없는
사람은
아폴로11호
우주인 선발시
배제
되었다고
합니다
잊지마셈!
고통없이
이룰수있는건
아무것도
없다는
사실!

3

누가 나 같은 사람을 좋아하겠어?

부정적 인지 왜곡 Negative Cognitive Distortion

삶은 자신에게 일어나는 일 10%와 그 일에 대한 자신의 반응 90% 이루어진다. _척 스윈돌 Chuck Swindoll

대학생인 김 군은 평소 마음에 두고 있었던 여학생에게 몇 번을 망설이다가 용기를 내서 함께 영화를 보러 가자고 데이트를 신청했다. 그런데 그 여학생은 한마디로 거절을 했다. 김 군은 그러면 다음 기회에 같이 가자며 괜찮다는 듯이 말하고 돌아섰다. 그런데 그런 일이 있고 난 다음 김 군은 계속 기분이 우울했다. 겉으로 내색은 하지 않았지만 얼굴이 화끈거리고 속으로는 자신이 그렇게 한심하게 여겨질 수 없었다. 이제는 그 여학생뿐만 아니라 다른 여자들에게도 접근할 용기가 나지 않을 것 같다.

어떤 사람은 시인이 되고
어떤 사람은 폐인이 된다

누구나 한번쯤 김 군처럼 이성으로부터 거절을 당해봤을 것이다. 그런 일을 당하면 겉으로는 아무렇지 않은 것처럼 행동하지만 내심 기분이 나쁘고 속이 상하는 것은 누구나 마찬가지다. 하지만 그 후에 어떻게 행동할지, 그리고 어떤 결과를 만들어낼지는 사람에 따라서 완전히 다르다.

그런데 비슷한 경험을 했던 김 군의 친구는 김 군처럼 우울해하지 않았다. 왜 같은 일을 겪고도 한 사람은 우울해하고, 다른 사람은 그렇지 않을까?

먼저 김 군의 사고방식을 검토해보자. 그는 데이트 신청을 거절당한 이유를 자기 자신에게서 찾았다. 그는 자신이 못났기 때문에 상대방이 거절했을 것이며, 그녀는 자기의 요구를 들어주지 않았기 때문에 자기에게 상처를 준 사람이고, 앞으로도 자신이 다른 여학생에게 데이트 신청을 해도 성공할 가능성이 별로 없을 것이라고 믿었던 것이다.

하지만 비슷한 경험을 했던 그의 친구는 달랐다. 데이트 신청을 거절한 데에는 필시 그녀에게 그럴 만한 사정이 있었을 것이며, 설사 자기를 좋아하지 않는다고 해도 그것은 그녀의 문제라고 생각했다. 그러니까 타이밍이 맞지 않았거나 한 번쯤 빼보는 것일지도 모른다고 말이다. 그러고는 희망을 갖는다. 아직은 그 여자가 자기의 진가를 제대로 못 알아봤기 때문에 그렇다고. 언젠가 자기의 진면목을 알게 되면 데이트 신청을 받아줄 것이라고 말이다. 더 나아가 설사 그 여학생이 자기를 싫어하더라도 세상은 넓고 여자는 많다는 생각을 하면서, 자신의 짝이 어딘가에 있을 거라는 긍정적인 생각을 버리지 않는다.

중학 시절 말다툼에 대한 사과를 받아주지 않은 데 상처를 입은 20대 여성이 6년 만에 친구를 찾아가 흉기를 휘둘러 살인 미수 혐의로 구속된 사건이 있었다. 중학교 때의 일을 곱씹고 곱씹으면서 6년 동안이나 우울증에 시달렸던 그녀는 대학입시 실패와 우울증 등 모든 게 그 친구 때문에 생긴 것 같아서 그런 일을 저질렀다고 말했다.

상담을 하다 보면, 기분 좋은 일들은 금방 잊어버리면서도 한순간의 불쾌한 말은 몇 년이 지나도록 곱씹어 생각하기 때문에 우울증에서 벗어나지 못하는 사람들을 의외로 많이 만난다. 불행한 일을 겪고 나서 그 일에서 신속하게 벗어나 새로운 삶을 살든 그 일을 곱씹어 생각하면서 우울증에 시달리든 그것은 모두 우리 자신이 스스로 선택하는 것이다.

실연을 당하고 난 뒤 어떤 사람은 폐인이 되고, 어떤 사람은 시인이 된다. 사랑하는 사람과 헤어졌다고 해서, 시험이나 사업에 실패했다고 해서, 또 실직자라고 해서 모두 절망하는 것은 아니다. 누가 봐도 좌절할 수밖에 없는 상황에서도 행복하게 살아가는 사람이 있다.

반면에 남부러울 것이 없어 보이는 환경에서도 절망에 빠져 괴로워하는 사람도 있다. 이는 자기와 세상을 부정적으로 해석하고 부정적으로 평가하기 때문이다. 행복한 삶을 살고 싶다면 반드시 모든 경험에서 긍정적인 점을 찾아내는 법을 배워야 한다.

절망을 불러들이는
수많은 생각들

이 세상에 처음부터 길이 있었던 것은 아니다. 누군가 먼저 다니기 시작하면서 길이 생긴다. 그리고 길이 있기 때문에 더 많은 사람들이 다니게 되고, 그렇게 되면 사람들은 그 길을 점점 더 많이 다니게 된다.

이처럼 자주 다니다 보면 길이 생기고 길이 생기면 더 많은 사람들이 그 길로 다니듯이 우리의 마음도 자꾸 생각하는 쪽으로 더 많은 생각을 하게 되는데 이를 '자동적 사고Automatic

Thought'라고 한다. 그래서 부정적인 사람들은 어딜 가나 투덜거리고, 긍정적인 사람들은 무슨 일을 하던 좋은 점을 찾아낸다. 특히 우울한 사람들은 자동적으로 자신과 타인 및 세상에 대해 부정적인 방향으로 생각하는 경향이 있는데 이를 '부정적 인지 왜곡Negative Cognitive Distortion'이라고 한다.

우울한 사람들은 우선 자기 자신을 결점이 많고, 부적절하며, 무가치하게 평가한다. 불쾌한 경험을 하면 그 원인이 자신에게 있다고 생각하며 자신을 평가절하하고 스스로를 비난한다. 뿐만 아니라 주변 사람이나 세상을 부정적으로 평가하는 경향이 강하다. 시련을 통해 성장할 수 있다고 생각하기보다는 자기가 처한 여건들은 자기를 괴롭히기 위해 존재하는 것처럼 생각한다.

또한 자신이 처한 어려움이나 고통이 현재로 그치지 않고, 먼 훗날까지 지속될 것으로 믿는다. 실수를 하면 다른 사람들이 두고두고 기억할 것 같고, 거절을 당한 다음에는 앞으로도 계속 실패할 것 같아 다시 도전하는 것을 포기한다. 자신과 세상 그리고 미래에 대한 부정적 생각은 다음과 같은 인지적 왜곡에 의해서 만들어진다.

첫째, 우울한 사람들은 뒷받침할 만한 증거가 없거나 상반된 증거가 있음에도 불구하고 부정적으로 해석하는 경향이 있는데 이를 '임의적 추론Arbitrary Inference'이라고 한다. 예컨대, 증거도 없는 상황에서 누가 웃기만 해도 자신을 비웃는다고 판단하거나 남들이 자기를 무시하거나 멸시한다고 생각한다.

둘째, 한 가지 실패경험을 인생 전반으로 확대 적용하는 '과잉 일반화Overgeneralization' 경향이 있다. 예컨대, 중간고사 영어 과목 성적이 나쁘게 나온 것을 영어 성적이 나쁘니 공부에 소질이 없는 것 같고, 공부를 못 한다는 것은 능력이 없다는 것을 뜻하며, 그렇기 때문에 자신은 쓸모없는 인간이라고 생각을 비약시킨다.

셋째, 자신의 장점이나 잠재력은 무시하면서도 자신이 처한 어려움이나 결점은 과대평가한다. 또 소유하고 있는 것은 평가절하하며 소유하지 못한 것은 과대평가한다. 이렇게 자신의 단점은 극대화하면서도 장점은 오히려 극소화하는 것을 '과잉 극화Polarization'라고 한다.

넷째, 자신과 다른 사람에게 경직된 규칙을 적용한다. 자신과 다른 사람에게 '완벽하게 해야만 한다' '실수하면 안 된다' '사랑을 받아야만 한다' 등과 같은 내면의 규칙을 엄격하게 고수하는 경향이 있다. 이처럼 스스로 엄한 규칙에 사로잡혀 있는 것을 '당위적 사고Should/Must Thinking'라고 한다.

　　　　　부정적인 기분에서 벗어나고 싶은가? 그렇다면 부정적인 생각 대신 긍정적인 생각을 선택해야 한다. 부정적인 생각이 다시 자리를 잡지 못하게 하는 가장 좋은 방법은 긍정적인 생각으로 그 자리를 점령하도록 하는 것이기 때문이다. 자주 다녀서 한번 만들어진 길은 쉽게 없어지지 않지만 새로운 길을 만들어 사람들로 하여금 그 길로 다니게 하면 옛길은 자연스레 없어진다. 우리의 생각도 마찬가지다.

부정적인 사고에서 벗어나는 3단계

1. **확인하기**: 부정적인 사고패턴을 찾아낸다.
2. **대체하기**: 긍정적인 사고방식을 찾아 대체한다.
3. **적용하기**: 구체적인 상황에서 적용하고 결과를 확인한다.

　　우리의 사고와 행동 및 감정 중 한 가지만 부정적이 되면 순식간에 모든 것이 부정적으로 바뀐다. 인간의 사고와 행동 및 감정은 독립적으로 존재하는 것이 아니라 상호작용하면서 서로 밀접하게 영향을 주고받기 때문이다. 따라서 부정적인 사고, 울적한 감정 그리고 위축된 행동의 고리로 형성된 우울증의 악순환에서 벗어나기 위해서는 이것들의 연결고리부터 끊어야 한다. 그것은 사고방식, 행동, 감정의 고리 중 어떤 것부터 시작해도 무방하다. 우울증에서 벗어나기 위해 시도할 수 있는 대책들을 찾아보자.

첫째, 삶이 언제나 공정하지 않다는 사실을 받아들인다. '사필귀정事必歸正'이라는 말이 있지만 세상이 반드시 공정성의 원리를 따른다는 보장은 없다.

둘째, 불가피한 일은 받아들인다. '하필이면 왜 나에게……'라는 생각에서 벗어나 '나라고 왜……'라는 생각을 하게 되면 억울하고 우울한 생각에서 벗어날 수 있다. 불가피한 상황을 받아들이지 못하고 저항하면 할수록 고통은 점점 커진다. 상황을 바꿀 수 없다면 그 상황을 용서하고 존재 권리를 인정해줘야 한다.

셋째, 운동을 한다. 운동을 하면 근육이 이완될 뿐만 아니라 우리 몸에서 노에프네프린과 엔도르핀이 분비된다. 이 분비 물질들은 감정을 고양시키며 불안감을 감소시킨다.

넷째, 좋아하는 일에 몰두하고 경쾌한 음악을 듣는다. 불쾌한 기분은 유쾌한 활동에 관여할 때 감소한다. 하고 싶었던 일과 좋아하는 일을 찾아서 시간과 에너지를 투자한다.

다섯째, 즐겁고 희망찬 사람들과 어울린다. 이런 사람들과 어울리면 자기도 모르게 행동이 달라지고, 행동이 활기차게 달라지면 기분과 사고방식도 달라진다.

여섯째, 당연한 일 속에서도 감사할 일을 찾아본다. 아침에 일어나 숨을 쉴 수 있는 것과 같이 당연한 일 속에서도 감사할 수 있는 사람은 우울할 수 없다. 진정으로 감사하면서 동시에 불행을 느끼는 것은 불가능하기 때문이다.

❶ 최근에 겪었던 우울한 일 한 가지를 찾아보자. 구체적으로 어떤 일이고, 우울했던 이유는 무엇인가?

---

❷ 사람은 사건 때문이 아니라 사건에 대한 생각 때문에 고통을 겪는다. 그 사건과 관련된 나의 부정적인 인지 왜곡은 무엇인가?

---

❸ 그 일 때문에 겪고 있는 우울한 기분에서 벗어나기 위해 내가 할 수 있는 일은 무엇인가?

사막이
아름다운 건
어딘가에
우물이
숨어있기
때문이야

눈으로
찾을수없어!
마음으로
찾아야해!

별을 볼 것 인가, 진흙탕을 볼 것인가

델마 톰슨의 남편은 모하비 사막의 육군훈련소에 배속이 되었다. 선인장 그늘 아래서도 45도의 폭염, 눈을 뜨기 어려운 모래바람 등 아무것도 즐길 것이 없었다. 그녀는 도저히 참을 수가 없어 국방부 고위층에 있는 아버지에게 더 이상 이런 곳에서 살 수 없으니 어떻게든 손을 써달라고 편지를 썼다. 그런데 며칠 후 도착한 아버지의 답장은 다음과 같은 단 두 줄뿐이었다. "두 사람이 감옥에서 밖을 바라보았다. 한 사람은 진흙탕을 보았다. 다른 한 사람은 별을 바라보았다." 그녀는 아버지의 편지를 읽고 그동안 진흙탕만을 보았던 자신이 부끄러워졌다. 그녀는 우선 원주민들과 친해지기 위해 노력했다. 그러자 주민들은 친구가 된 그녀에게 전통 도자기와 직물 등을 아무런 대가 없이 선물로 주었다. 그녀는 시간 나는 대로 모하비 사막의 생태계를 관찰하며 돌아다녔다. 조개화석을 주으며 행복에 잠기고, 황혼을 바라보면서 사막이 참으로 아름답다는 생각을 하게 되었다. 그 경험들을 토대로 책을 썼다. 그것은 《빛나는 성벽》이라는 사막에 관한 최고의 소설이 되었다.

– 《작은 꿈이 큰 소망을 이룬다》 (들녘미디어, 2000)

4

남의 떡이 더 커 보인다

비교의 함정 Comparison Trap

> 당신 자신을 타인과 비교하지 마라. 그것은 당신 자신을 모욕하는 것이다.
> _알렌 스트라이크Alen Strike

김치볶음밥이 맛있을까, 오징어덮밥이 더 맛있을까? 식당에서 한참을 망설이다 신중히 선택한 김치볶음밥. 그러나 막상 김치볶음밥을 대하고 보니 친구 앞에 놓인 오징어덮밥이 더 맛있어 보인다. 그래서 다음에는 오징어덮밥을 시킨다. 그런데 이번에는 친구의 김치볶음밥이 더 맛있어 보인다. 누구나 한 번쯤은 겪었을 법한 일이다.

교통체증이 심한 도로를 달리면 옆 차선이 더 잘 빠져나가는 것 같다. 그래서 차선을 바꾸면 바꾸기 전 차선이 더 잘 빠진다. 지하철에서 앉아 가고 싶을 때 유독 내가 서 있는 자리에 앉아 있는 사람만 일어나지 않아서 자리를 바꾸면 내가 원래 서 있던 자리의 사람이 일어난다.

"남의 떡이 더 커 보인다."는 우리 속담이나 "남의 잔디가 더 푸르러 보인다."는 서양 속담은 모두 남의 처지가 더 좋아 보이는 사람들의 마음을 가리키는 말이다.

사람들은 자신이 어떤 상태인지를 판단하기 위해 본능적으로 다른 사람과 비교를 하게 되는데 이를 '사회 비교의 욕구Need for Social Comparison'라고 한다. 실제로 많은 사람들이 사회적 비교과정에서 자신보다 타인이 갖고 있는 것을 더 높게 평가하면서 시기심과 열등감을 느낀다. 이는 우울증 같은 심리적 문제로 이어지곤 한다. 우리는 이를 '비교의 함정Comparison Trap'이라고 한다.

남의 짐은
내 짐보다 가벼워 보인다

샐러리맨이나 사업을 하는 친구들 중 내게 이런 말을 하는 경우가 있다. "세상에 교수처럼 편한 직업이 어디 있어? 누구에게도 구속받지 않지, 방학 있지, 게다가 정년까지 보장되지." 친구들 눈에는 내가 하는 일이 쉬워 보일지도 모른다. 하지만 내 입장에서 보면 그건 뭘 몰라도 한참 모르고 하는 말이다. 교수도 교수 나름대로의 불편함과 불안함이 있다.

요즘처럼 조기퇴직이다 명예퇴직이다 해서 직장인을 불안에 떨게 하는 바람이 거센 세상에서 샐러리맨들이 흔히 하는 말이 있다. "장사나 한번 해볼까?"

얼핏 장사하는 사람은 윗사람 눈치 볼 일도 없고 인사발령 때마다 가슴 졸일 필요가 없어 보이기 때문일 것이다. 게다가 자기 일보다 쉬워 보여서 그럴지도 모른다. 그러나 그건 장사하는 사람들이 얼마나 피를 말리면서 하루하루를 보내는지 몰라서 하는 말이다.

남이 하는 일은 쉬워 보이고 자기가 하는 일은 힘들게 느껴지는 것이 사람의 마음이다. 같은 일이라도 자신에게 일어난 일을 더 중요하게 생각하며, 남의 큰 고통보다 자신의 사소한 괴로움에 더 민감한 것이 인지상정이다. 급한 일이 있어서 택시를 기다리면 택시는 반대편에서만 나타난다. 기다리다 지쳐 길을 건너가면 원래 있던 그쪽에서 빈 택시가 나타나 누군가가 그 택시를 잡는다. 그 사람은 쉽게 택시를 잡고, 나만 매번 허탕을 치는 것 같다.

왜 그럴까? 이유는 간단하다. 사람은 자신이 택시를 잡으러나섰을 때부터 겪었던 일들은 모두 기억할 수 있다. 그러나 다른 사람의 경우는 그가 얼마나 기다렸는지는 알 수가 없고 단지 택시를 잡아 타는 그 순간만 관찰할 수 있기 때문이다. 이처럼 자기가 하는 일에 대해서는 더 힘들다고 과대평가하면서, 다른 사람들이 하는 일이나 노력을 과소평가하는 현상을 심리학에서는 '자기중심적 편파Egocentric Bias'라고 한다.

이런 자기중심적 편파 현상이 보편적인지를 확인하기 위해 심리학자 마이클 로스Michael Ross는 결혼한 부부들과 농구선수에게 가정에서 혹은 팀에서 자기가 기여한 바를 추정하게 했다. 연구 결과, 결혼한 부부나 농구선수들은 한결같이 자기가 기여한 바를 현저히 더 높게 평가하고, 다른 사람들의 기여를 상대적으로 낮게 평가했다. 그렇게 판단할 수밖에 없는 이유 가운데 하나는 사람들은 다른 사람이 기여하는 것보다 자기가 기여하는 바를 더 쉽게 인식할 수 있기 때문이다.

"남의 염병이 내 고뿔만 못하다."는 속담이 있다. 이처럼 남의 큰 재난보다 자기의 사소한 괴로움을 더 절박하게 느끼는 것이 인간의 본성이다. 그래서 남의 짐은 가벼워 보이게 마련이다.

　　　　　　　　　　　　언젠가 친구를 따라 낚
시를 갔을 때의 일이다. 잔잔한 수면 위에 미동도 않던 찌가 갑
자기 물속으로 빨려 들어갔다. 낚싯줄을 조심스럽게 감아올리
자 힘찬 물고기의 요동이 느껴졌다. 낚싯대를 채는 순간 올라오
는 것은 미끼를 떼인 낚싯바늘뿐이었다. 그때의 실망감과 아쉬
움은 두고두고 남아 지금도 눈에 선하다.

　예를 들어 백화점에 쇼핑을 갔다고 하자. 이것저것 꼼꼼히 고
르다가 빨간색 스웨터가 제일 나은 것 같아 그것을 사기로 결
정했다. 돈을 지불하고 난 다음에 가벼운 마음으로 백화점을 나
서다가 문득 다시 한 번 뒤를 돌아보게 된다. 대부분의 사람들
이 그렇다. 왠지 다른 것이 더 나을 것 같아 미련을 버리기가 어
렵다. 사람들은 남이 가진 것이 더 좋아 보일 뿐만 아니라 자기
가 갖고 있지 않거나 선택하지 않은 것에 더 큰 가치를 부여하
는 경향이 있다.

　이런 경우는 냉면집에서도 여실히 나타난다. 고민고민하다
가 물냉면을 시키고 난 다음에는 비빔냉면이 더 맛있어 보인다.
인간관계도 마찬가지다. 이쪽에서 싫다고 거절했던 이성 친구
에게 새로운 파트너가 생기면 갑자기 그가 왠지 더 매력적으로

느껴진다. 또 가지고 있던 물건도 있을 땐 모르다가도 잃어버린 다음에야 더욱 소중하게 느껴진다. 그것이 사람의 마음이다. 모두 한번쯤은 겪어봤음직한 이야기다.

이처럼 사람이든 물건이든 그것을 갖고 싶은데 갖지 못하거나 내 손을 떠나 더 이상 사용할 수 없게 되었을 때 가치가 갑자기 상승하는 것을 심리학에서는 '불가용성 효과Effect of Unavailability'라고 한다. 소유하고 있는 대상은 언제든지 사용이 가능하기 때문에 가치가 평가절하되며, 갖고 있지 않은 대상은 마음대로 사용할 수 없어 소유하고자 하는 동기가 높아지기 때문이다.

남이 된 옛 애인에게 더 미련이 남는 이유

내게는 아들과 딸, 두 아이가 있다. 아주 오래전의 이야기지만 어쩌다가 선물을 사다 주면 아이들은 자기가 받은 것을 확인한 후 곧바로 오빠나 동생이 받은 선물에 눈을 돌렸다. 똑같은 것이 아닌 경우엔 왠지 상대방이 받은 선물이 더 나아 보인다는 눈치였다.

잘 쓰지 않던 물건도 남에게 주라고 하면 마지못해 주면서 매우 아쉬워한다. 쓸모없던 물건인데도 남에게 주고 나면 왠지 나중에 찾게 될 것 같은 생각이 드는 모양이다. 마음대로 이용할 수 있는 자유가 사라지면 소유욕이 더욱더 상승되기 때문이다. 심리학자 잭 W. 브렘Jack W. Brehm은 갖기 어려운 물건일수록 소유하고자 하는 욕구가 어떻게 더 증가하는지 알아보기 위해 만 두 살짜리 어린이들을 대상으로 실험에 착수했다.

실험실에는 두 개의 신기한 장난감이 유리로 된 칸막이 뒤에 놓여 있었다. 한 조건에서는 어린이들이 만지고 싶으면 마음대로 장난감을 만질 수 있게 유리칸막이를 30센티미터 정도로 낮게 설치했다. 다른 조건에서는 유리칸막이의 높이를 60센티미터 정도로 높게 해서 그 뒤에 있는 장난감을 만질 수 없게 했다. 연구자는 어떤 조건에 놓인 어린이들이 유리칸막이 뒤의 장난감을 더 만져보고 싶어 안달을 하는지 관찰했다.

실험 결과는 매우 분명했다. 유리칸막이가 높게 설치되어 장난감을 만질 수 없었던 어린이들이 그렇지 않은 어린이들에 비해 무려 세 배나 더 많이, 그리고 더 빨리 뒤로 돌아가 장난감을 만진 것으로 나타났다. 어떤 대상에 대한 가용성이 감소되면 그에 대한 가치가 갑자기 상승하는 현상은 어른들뿐만 아니라 두 살짜리 어린이에게도 존재한다.

장난감이든 사람이든 마음대로 사용하거나 마음대로 만날

수 있는 자유가 제한당하면 그 대상을 소유하려는 강렬한 욕구가 발생한다. 그래서 우리는 이미 남의 사람이 된 옛 애인에게 더 미련이 남고, 잃어버린 다음에야 그 물건이 가치 있게 느껴진다. 결론적으로 말하자면, 우리가 소유하고 있지 않는 것에 더 높은 가치를 부여하는 것은 그것이 실제적 가치가 있어서가 아니라 단지 우리가 그것을 소유하지 못했기 때문일 가능성이 더 많다.

행복은 이미 갖고 있는 것을 소중히 여기는 것

　　　　　　모든 부정적인 일에는 나름대로 긍정적인 의미가 숨어 있듯이 다른 사람과의 비교 역시 때로는 목표를 위해 노력하거나 약점을 개선하도록 우리에게 긍정적인 영향을 미친다. 하지만 다른 사람과의 비교에 지나치게 연연하고 이로 인해 시기심이나 질투를 느끼면서 동시에 행복을 느낄 수는 없다.

　행복 심리학자 소냐 루보머스키 Sonja Lyubomirsky 는 잘못된 비교가 불행의 씨앗이 될 수 있음을 실험으로 검증했다. 그녀는 스스로 행복하다는 사람과 불행하다는 사람들에게 철자풀이

과제를 부여했다. 그리고 그 결과를 다른 참가자들의 결과와 함께 알려주었다.

행복한 사람이든 불행한 사람이든 좋은 점수를 받으면 모두 기분이 좋다고 했다. 하지만 다른 사람들의 점수를 알고 난 다음에 보여준 두 집단의 태도는 완전히 달랐다. 행복한 사람들은 다른 사람들의 점수가 자기보다 더 좋든 나쁘든 기분의 변화가 별로 없이 자신의 점수에 만족했다.

그러나 불행한 사람들은 다른 사람들의 점수에 의해 기분이 현저히 달라졌다. 다른 사람들의 점수가 자신보다 더 못하면 매우 좋아했지만, 다른 사람들의 점수가 자신보다 더 높다는 것을 알고 나서는 자신을 과소평가하고 금방 침체된 기분과 불쾌한 반응을 보였다.

이 실험에서 우리가 얻을 수 있는 교훈은 이것이다. '비교의 함정에서 벗어나지 못하면 평생 불행하게 살 가능성이 많다'는 것. 독자 여러분은 이미 짐작했을 것이다.

우리 주위를 자세히 살펴보면 유별나게 남의 떡에 눈독을 들이는 사람들이 있다. 그들은 다른 사람과 달리 다음과 같은 몇 가지 특성을 가지고 있으며, 그 때문에 살아가면서 겪지 않아도 될 고통까지 겪게 된다.

톨스토이의 단편소설 《사람에게는 땅이 얼마나 필요한가》의 주인공 파홈은 가난한 소작농이었다. 그러던 어느 날 부자인 지주가 파홈에게 1000루불만 내면 그날 안으로 걸어서 돌아올 수 있는 만큼의 땅을 모두 주겠다고 제안했다. 파홈은 더 많은 땅을 갖고 싶은 욕심 때문에 목마름과 배고픔도 돌보지 않고, 온 힘을 다해 달리고 또 달렸다. 그리고 천신만고 끝에 해가 떨어지기 직전 출발지점으로 되돌아왔다. 하지만 탈진한 그는 결국 피를 토하며 죽고 만다. 결국 그가 묻힌 땅은 겨우 두 평 정도에 지나지 않았다.

유감스럽게도 너무나 많은 사람들이 자신에게 부족한 것을 생각하고, 그것을 갈망하며 평생을 보낸다. 그리고 자신에 비하면 다른 사람들의 문제는 아무것도 아니라면서 자기의 불행을 과장하며 살아간다. 갖고 있지 않는 것만 아쉬워하며 갖고 있는 것에 감사하지 못하는 사람은 결코 행복할 수 없다. 왜냐하면 갖고 있는 것에 대한 불만이 크면 클수록 행복은 점점 더 멀어지기 때문이다.

법정 스님은 생전에 이렇게 말했다. "행복의 비결은 필요한 것을 얼마나 갖고 있는가가 아니라 불필요한 것에서 얼마나 자유로워져 있는가에 있다. '어떤 상황에서도 위에 견주면 모자라고 아래에 견주면 남는다.' 일체유심조一切唯心造라는 말이 있듯이 행복을 찾는 오묘한 방법은 언제나 내 안에 있다."

행복해지려면 갖고 있지 못한 것이 아니라 이미 갖고 있는 것에 초점을 맞추고, 그것에 최선을 다해야 한다. '만약 ○○이 있다면……' 하면서 갖고 있지 않은 것에 에너지를 소모할 것이 아니라, 현재 갖고 있는 것으로 '이것을 어떻게 제대로 활용할 것인가?'에 초점을 맞추어야 한다.

Do It Now!

❶ 누군가와 비교하면서 남몰래 그를 시기하다가 우울해진 경험 한 가지를
찾아보자.

----

❷ 그와 비교하고 그 사람을 부러워하면서 얻을 수 있는 이득과 잃을 수 있는
손실을 찾아 써보자.

----

❸ 남과 비교하는 대신, 어제의 나와 비교해서 더 나아질 수 있는 일 한 가지를
찾아보자.

신이시여, 왜 저에게는……

안토니오 살리에리는 유년기부터 음악에 뛰어난 재능을 보여, 1766년 빈 궁정에 초청을 받은 것을 시작으로 1788년부터 사망 직전인 1824년까지 궁정 음악가의 지위를 이어갔다. 살리에리는 그의 사회적 지위와 어울리게 하이든 등 당대의 저명한 작곡가들과 친하게 지냈으며, 베토벤, 슈베르트, 리스트는 모두 어렸을 때 그의 지도를 받았다. 그는 하이든과의 돈독한 우정으로 하이든의 중요한 2개의 오라토리오를 지휘했으며, 베토벤은 그에게 피아노와 바이올린을 위한 3곡의 소나타(작품 12)를 헌정했다. 하지만 영화 〈아마데우스〉에서 살리에르는 죽을 때까지 모차르트와 자신을 비교하며 시기하고 분노하다가 결국 모차르트를 죽음으로 몰아넣고 자신도 파멸에 이른다. 이 영화에서 그는 십자가를 태우면서 이렇게 처절하게 외친다. "신이시여, 왜 저에게 음악을 향한 열정만 주시고, 음악에 대한 재능은 주지 않으셨습니까?" 당대 음악가로서 최고의 자리까지 올랐으면서도 그가 불행했던 이유는 자기만의 재능을 외면하고 항상 모차르트만을 바라보면서 그가 갖고 있지 못한 것을 한탄했기 때문이다.

....
노스웨스턴大
한 연구소는 시상대에 오른
은메달 선수와 동메달 선수의
표정을 분석해 행복점수를
매기는 실험을 했다고 합니다
동메달선수는
10점만점에 7.1을 받은 반면
은메달선수는
고작 4.8점을 받아
은메달은 동메달보다
상대적으로 덜 행복해 한다고
발표했답니다
은메달이 동메달보다
좋은 성적이지만
은메달의 비교대상은
금메달인 반면 동메달은 노메달 이니까요
행복은 감사하는 곳에 있지
비교하는 곳에 있지 않거든요

5

친구 따라 강남 간다

동조현상Conformity Phenomena

우리는 다른 사람과 같아지기 위해 삶의 4분의 3을 빼앗기고 있다.
_쇼펜하우어Schopenhauer

도로변에서 여러 명이 아주 진지한 표정으로 건물 옥상을 올려다보고 있다. 이들을 지나치는 행인들은 어떤 행동을 하게 될까? 아마 십중팔구는 덩달아 위를 올려다볼 것이다. "남이 장에 가니 거름 지고 나선다."는 속담이 있다. 이는 남의 행동을 별생각 없이 맹목적으로 따라 하는 사람의 행동을 가리키는 말이다. 이렇게 남들을 따라 하는 행동은 일상에서 매우 흔하게 관찰되는 현상이다. 이처럼 다른 사람들이 요구하지 않음에도 불구하고 다른 사람의 행동을 따라 하게 되는 것을 '동조현상 Conformity Phenomena'이라고 한다.

낯선 요리를 먹을 때
눈치를 살피는 이유

　　　　　　　사람들은 집단 속에 있게 되면 알게 모르게 타인의 영향을 받게 된다. 다수 측의 의견이 자신보다 더 타당한 정보를 갖고 있다고 생각할수록 동조 가능성은 커진다. 이러한 동조현상은 상황이 모호하거나 애매할수록 더 강하게 나타난다. 낯선 외국 요리를 먹을 때, 처음 가는 야구장에서 관중들이 파도타기를 할 때 사람들은 남의 행동을 모방한다.

누군가의 초대를 받아 프랑스 요리 전문 식당을 가게 되었다고 치자. 그런데 당신은 프랑스 요리를 먹어본 적도 없으며, 먹는 방법에 대해서도 들어본 적이 없다. 자, 요리가 나오면 어떤 행동을 취하게 될까? 아마도 다른 사람들이 어떻게 먹는지부터 살필 것이다. 남들이 눈치채지 못하게 가능한 한 다소 느긋한 태도를 가장하면서 말이다. 이처럼 낯선 상황에서 무엇이 옳고 무엇이 그른 행동인지를 판단하기 위해 우리가 가장 흔하게 쓰는 방법 중 하나는 다른 사람들이 행하는 바를 관찰하는 것이다.

이런 일은 횡단보도를 건너는 것부터 회의실에서 다리를 꼴 것인지 말 것인지 등을 결정하는 데에서도 나타난다. 다른 사람들이 어떻게 하는지를 유심히 관찰한다는 것이다. 이것이 심해지면 심지어 제멋대로 해도 되는 일도 남을 모방하는 지경까지 이른다.

　이유는 간단하다. 다른 사람들이 행하는 바를 따라 하는 것이 여러 가지 점에서 도움이 되기 때문이다. 우선 낯선 상황에서 어떻게 해야 될지 모를 때 남들을 따라 하게 되면 그만큼 실수를 저지를 가능성이나 웃음거리가 될 가능성이 줄어든다. 어떤 사회든 일반적으로 다수인이 취하고 있는 행동이 그 사회에서 용인되는 관습적 행동이기 때문이다. 뿐만 아니라 자신이 행해야 할 행동 레퍼토리를 골치 아프게 생각할 필요가 없기 때문에 불안감과 갈등도 줄어든다.

북적거리는 식당으로
발길이 가는 이유

　　　　　　　　심리학자 스탠리 밀그램Stanley Milgram은 맨해튼 번화가에서 실험 조수들에게 하늘을 올려다보게 한 후, 그 곁을 지나가는 행인들의 행동을 관찰하였다. 한 명만 올려다보고 있어도 지나가는 행인의 40%가 무슨 일인가 하면서 머리를 들어 하늘을 쳐다보았다. 그러나 위를 쳐다보는 사람들이 늘면서 하늘을 보는 행인들의 수도 늘어났다. 다섯 명이 쳐다볼 때는 80%, 열다섯 명이 쳐다볼 때는 무려 86%나 되는 행인들이 무심코 주변 사람들의 행동에 따라 하늘을 올려다보았다.

사람들은 자신의 의견이 분명하지 않을 때 주변 사람들을 관찰하여 자신의 행동을 결정하게 된다. 그래서 노점상들은 더 많은 손님을 끌기 위해 바람잡이를 동원한다. 사람들은 많은 사람들이 취하는 바를 따라 하려는 경향을 갖고 있기 때문이다. 그래서 북적거리는 식당은 더욱 북적거리고, 썰렁한 식당은 갈수록 썰렁해진다.

노점상들이 바람잡이를 동원하는 것과 똑같은 방식으로 정치 지도자들 역시 사람들의 동조심리를 이용한다. 선거 유세장에 동원하는 박수부대가 바로 그것이다. 똑같은 내용의 유세라도 청중이 많을수록 그리고 박수와 환호가 클수록 순진한 유권자들은 그 후보를 더 긍정적으로 평가할 뿐만 아니라 좋아하는 경향이 있다. 썰렁한 식당보다는 손님이 북적거리는 식당의 음식이 왠지 더 맛있게 느껴지는 것과 같다.

동조현상의 활용은 어제오늘의 일이 아니다. 지금부터 무려 160여 년 전에도 영국에서는 가수들의 콘서트나 오페라 무대에 청중들의 갈채를 유도하는 박수꾼들이 동원되었다는 기록이 있다. 이것만 보더라도 인간의 동조심리가 얼마나 뿌리 깊은 것인지 알 수 있다.

다수 대중은 이탈자를 배척하려는 경향이 있다

〈열린 음악회〉 같은 프로그램은 대학 캠퍼스에서 자주 촬영한다. 이 프로그램을 보면 총장 이하 많은 교수들과 학생들이 음악에 맞춰 일사불란하게 팔을 좌우로 흔들어대는 모습이 눈에 띈다. 내심 별로 내키지 않는 교수들도 있겠지만 '좌우 흔들기' 대열에서 이탈해 뻣뻣하게 무게를 잡고 있는 사람은 눈을 씻고 봐도 찾아보기 힘들다.

다수의 대중과 다르게 행동하면 그들로부터 알게 모르게 압력을 받게 된다. 다수 측에 동의하지 않는 것은 집단에 대한 암묵적인 도전으로 간주될 수 있으며, 이러한 도전은 어떤 식으로든 불이익을 초래할 가능성이 있다.

프리드만J. L. Freedman과 두브A. N. Doob라는 심리학자는 한 개인이 대다수의 집단구성원과 뭔가 다르다는 사실만으로 집단구성원들이 예외적 이탈자인 한 개인에게 불이익을 준다는 사실을 실험을 통해 검증했다. 여러 명의 실험 참여자들을 모아놓고 그중 한 명이 다른 사람들과 성격적인 특성에서 상당히 다르다는 식으로 설명함으로써 집단구성원들이 자연스럽게 그 사람을 자신들과 다른 사람이라고 생각하게 했다.

그런 다음 실험에 참여한 사람 중에서 전기충격을 받아야 할 사람을 지명하게 했다. 집단구성원들 대부분이 전기충격을 받아야 할 사람으로 자신들과 다르다고 주목했던 문제의 한 사람을 지명했다. 그리고 약간의 보상을 받을 사람을 추천하게 했을 때는 자기들과 비슷하다고 생각했던 사람을 더 많이 추천했다. 이 실험을 통해 우리는 사람들이 나쁜 일에는 자기와 다른 사람을, 좋은 일에는 자기와 유사한 사람을 선택하는 경향이 있음을 알 수 있다.

어떤 문화에서든 다수의 대중들은 자기들과 색다른 아웃사이더를 격렬하게 배척하려는 경향이 있다. 심지어는 아주 어린 아이들조차도 자기들과 뭔가 다른 아이, 예컨대 신체장애를 갖고 있거나 유행에 뒤처지는 친구를 놀려대고 괴롭힌다. 그래서 사람들은 거의 본능적으로 다수인 대중을 따라 행동하며, 기를 쓰고 아웃사이더가 되는 것을 피하려 한다.

동조행동은 인간에게서만 관찰할 수 있는 것이 아니다. 동물들이 집단적으로 유사한 행동을 하는 것은 먹이를 찾아 이동하거나 위협상황이 발생할 때 매우 자주 관찰된다. 한 가지 예로서, 찌르레기는 수만 마리가 큰 공처럼 뭉쳤다가 때로는 연기처럼 흩어져 버리곤 한다. 이러한 동조행동은 매우 순식간에 그리고 일사불란하게 일어난다. 집단으로 서식하는 많은 종의 어류들 역시 마찬가지여서 리더 격인 물고기의 움직임을 다른 물고기들은 순간적으로 모방한다. 아주 미약한 동작을 취하더라도 무리들은 이를 놓치지 않고 거의 자동적으로 따라 한다.

이러한 동물들의 집단행동은 여러 가지 점에서 이득이 되기 때문에 진화된 것이다. 동물들이 집단행동을 하는 가장 중요한 이유는 생존을 위해서다. 집단에서 이탈할수록 포획자의 먹이가 될 가능성이 높아지기 때문이다.

사람들이 많이 간 길을 선택하지 말자

유행을 따르는 행위이건 소비행위이건 아니면 사회규범을 무시하는 행위이건 간에 맹목적으로 남을 따라 행동하는 사람들이 많다. 또 많은 사람들이 다수대중에 동조함으로써 평범하게 살아가는 길을 선택한다. 하지만 남들과 같은 길을 가면 남들과 달라질 수가 없다. 아무도 걷지 않는 길, 나만의 길을 가려면 먼저 맹목적 동조자들의 특성에 대해 알아둘 필요가 있다.

첫째, 자긍심과 자신감이 부족하다. 자신감이 부족한 사람들은 자신감을 갖고 있는 사람들에 비해 다른 사람들에게 동조하는 경향이 심하다.

둘째, 애착욕구와 의존심이 강하다. 독립심과 자율성이 부족하고 남에게 의존적인 사람은 그렇지 않은 사람들에 비해 맹목적인 동조행동을 많이 한다.

셋째, 평가에 예민하고 인정욕구가 강하다. 다른 사람들의 평가나 비난에 대해 민감하고, 그들의 인정과 사랑을 추구하는 정도가 강할수록 동조하려는 정도도 증가한다.

자기만의 길 찾기 3단계

1. 모방: 본받고 싶거나 벤치마킹하고 싶은 모델을 찾아낸다.

2. 변환: 삭제, 생략, 추가 등으로 부분적인 변환을 시도한다.

3. 창조: 자신만의 아이디어를 추가해 독특한 성과를 낸다.

독자적인 사상가는 자기만의 언어를 갖고 있고, 뛰어난 과학자는 다른 사람과는 다른 독창적인 아이디어를 갖고 있다. 탁월한 경제적 업적은 모두 차별화의 산물이며, 뛰어난 개인들 역시 모두 다수대중과 다르게 생각하고 다르게 행동한다. 다른 사람과 다르게 살고 싶다면 다른 길을 가야 한다. 그래야 자긍심과 자신감을 가질 수 있고, 그것이 곧 행복한 삶으로 가는 중요한 선택이기 때문이다.

위대한 랍비 주스야 오브 하니폴은 진정한 삶을 살고 싶다면 다른 사람과 비교하지 말고 자기만의 삶을 살아야 한다면서 죽음을 맞이하는 순간 이렇게 말했다. "저 세상으로 가면 사람들이 내게 왜 예수처럼 살지 않았냐고 묻지 않을 것입니다. 그들은 내게 '왜 당신 자신으로 살지 못했습니까?'라고 물을 것입니다." 그대 자신으로 살기 위해 그대가 지금 하고 있는 일은 무엇인가?

 **Do It Now!**

❶ 다른 사람들을 의식하거나 남들과 같아지기 위해 쓸데없이 에너지와 시간을 낭비하고 있는 일은 무엇인가?

----

❷ 남을 의식하거나 남들과 같아지기 위해 지금처럼 시간과 에너지를 투자한다면 내가 잃게 될 것과 부작용은 무엇인가?

----

❸ 나만의 삶을 살기 위해 오늘 당장 시도해야 할 작은 일은 무엇인가?

사람들이 넋을 잃고
바라보기를 원했기 때문에!

춘추시대 월(越)나라에는 서시(西施)라는 절세의 미인이 있었다. 서시는 오(吳)나라와의 전쟁에서 패한 월나라의 왕 구천(勾踐)이 오나라의 왕 부차(夫差)에게 방심하도록 하기 위해 바친 여인이었다. 그런 서시가 가슴앓이 때문에 고향으로 돌아왔다. 그런데 그녀는 길을 걸을 때 가슴의 통증 때문에 늘 눈살을 찌푸리고 다녔다. 그래도 그녀는 워낙 절세미인인지라 사람들은 그녀가 거리를 지나가면 넋을 잃고 그녀를 바라보았다. 이것을 본 그 마을의 못생긴 여자가 자기도 사람들이 넋을 잃고 쳐다보기를 원했기 때문에 서시의 흉내를 내 서시처럼 눈살을 찌푸리고 다녔다. 그러자 마을 사람들은 그녀에게 호감을 갖기는커녕 기겁을 하고 그녀를 피해 다녔다.

– 《장자(莊子)》, 〈천운편(天運篇)〉 '서시빈목(西施矉目)'

내가
부러워?

복사해서
네인생
만들고 싶어?

그런데…
그거 알아?
원본보다 나은
카피본은 있을수
없다는거.
원본이 되서
인생이든
돈이든
뭐든!

2장

실패와 시련을
극복하는
긍정적 사고

낙관적인 사람은 'Impossible'을 'I'm possible'로 바꾼다.

6

다르게 설명하면 다른 일이 일어난다

설명양식 Explanatory Style

동료나 상사들에게 무시 당했을 때, 대학입시에서 낙방했을 때, 직장에서 해고를 당했을 때 등 우리 모두는 이따금 견디기 힘든 일을 겪는다. 그런데 똑같은 상황에서도 어떤 사람은 포기하고 절망하는데 어떤 사람은 그 일을 계기로 다시 일어나 더 큰일을 해낸다. 그 이유는 무엇일까?

쉽게 포기하는 사람들은 마음속으로 이렇게 중얼거린다. "할 수 없지. 나는 원래 그런 사람이야. 되는 일이 없는데 난들 어떡해." 그러나 역경에 도전하고 불행에 굴복하지 않는 사람들은 이렇게 말한다. "그럴 수도 있지. 하지만 기회는 항상 많아. 내가 할 일이 어디 이것뿐이겠어?"

우리 모두는 살아가면서 크고 작은 실패를 경험한다. 쉽사리 포기하는 사람들은 실패했을 때 습관적으로 이렇게 말한다. "나는 매사가 이 모양이야. 앞으로도 희망이 없어. 그건 내가 못났기 때문이야." 그러나 삶에 긍정적으로 도전하는 사람들은 다르게 생각한다. "이 일은 잘 안 풀리는군. 하지만 기회는 항상 많아. 이번에는 상황이 별로 좋지 않았어."

똑같은 일을 겪고도 사람마다 그 반응은 천차만별이다. 하지만 공통적인 게 한 가지 있다. 부정적이든 긍정적이든 벌어진 일에 대한 이유도 찾으려 한다는 것이다. 똑같은 일을 겪고도 그 일이 일어난 이유를 다르게 설명하기 때문에 반응이 달라진다. 이처럼 성공이나 실패를 경험했을 때, 그에 대한 이유를 찾아내는 방식을 심리학에서는 '설명양식Explanatory Style'이라고 하는데, 여기에는 그 사람의 사고방식이 반영되어 있다.

세일즈 분야의 성패, 원인에 대한 설명이 다르다

비관적인 생각을 갖고 있는 사람들은 자신에게 좋지 않은 일이 일어날 때마다 최악의 경우를 예상한다. 그러나 낙관주의자들은 불행한 일이 생기더라도 그 영향을 최소화해서 생각하고, 그런 일들은 극복할 수 있는 것들이며, 인생의 역경은 오히려 도전거리를 만들어준다고 생각한다.

긍정 심리학의 최고 권위자 마틴 셀리그만Martin Seligman 박사는 어느 날 메트로폴리탄 생명보험회사의 사장으로부터 한 가지 부탁을 받았다. 유능한 세일즈맨을 선발할 수 있는 방법을 찾아 달라는 것이었다. 매년 6만 명 정도의 지원자 중에서 5000명 정도의 신입사원을 선발하는데 무려 절반 이상이 1년 이내에 회사를 그만둔다고 했다. 그리고 4년이 지나면 80%가 중도 탈락하기 때문에 매년 7500만 달러 정도의 비용이 허비된다는 것이다.

그리하여 셀리그만은 그 직원들을 체계적으로 관찰하기 시작했다. 관찰 결과, 성공한 세일즈맨과 실패한 세일즈맨들 간에는 결정적인 차이가 한 가지 있었다. 성공한 직원들은 낙관적이었으며 실패하는 사람들은 비관적이었다. 특히, 고객들에게 보험가입을 권유했다가 거절당했을 때의 태도가 완전히 달랐다. 셀리그만은 보험회사 직원들이 혼자서 속으로 중얼거리는 자기 말Self-Talk 방식이 매우 다르다는 사실을 확인했다.

성과가 뛰어난 직원들은 거절당하고 난 뒤 대개 이렇게 속으로 중얼거린다. "이 사람은 너무 바빠." "이 사람은 이미 다른 보험에 가입했지만, 부분보험일 거야." "저녁식사 중에 전화를 걸었나 봐." 그러나 비관적인 사람들은 달랐다. 그들은 이런 식으로 중얼거린다. "난 안 되나 봐." "재주가 없나 봐." "이러다간 밥값도 제대로 못 하겠어."

그 후 셀리그만은 직원들의 사고방식이 얼마나 낙관적인지를 평가할 수 있는 검사를 실시해 입사한 지 1년이 되었을 때와 2년이 되었을 때의 보험 계약고를 비교했다. 분기별 평균 계약실적을 비교한 결과, 입사 후 1년째에는 낙관적인 사원의 경우 3087달러인 반면, 비관적인 사원은 1962달러를 계약해서 낙관적인 사원들이 비관적인 사원에 비해 57%나 더 많은 계약실적을 올렸다는 것을 알았다. 입사 후 2년째에는 차이가 훨씬 더 심해졌다. 낙관적인 사원들이 그렇지 않은 사원에 비해 무려 638%나 더 많은 계약실적을 올린 것으로 나타났다.

낙관성과 비관성의
세 가지 차이

설명양식의 세 가지 차원을 검토해보면서 세상과 자신을 바라보는 태도를 확인하고,

보다 낙관적인 태도로 바꾸기 위해 어떻게 해야 하는지 살펴보자. 낙관적인 사람들과 비관적인 사람들은 나쁜 일을 겪고 난 후 그 원인을 찾아야 할 때, 다음 세 가지 차원에서 차이를 보인다.

첫째, 원인의 '지속성Stability(영속적 대 일시적)'을 판단하는 것이 다르다. 비관적인 사람들은 실패했을 때의 원인이 계속 지속될 것이라고 믿는 데 반해 낙관적인 사람들은 일시적이라고 믿는 경향이 있다. 예컨대, 상사로부터 질책을 당하면 비관적인 사람들은 쉽게 바꿀 수 없는 그 사람의 성격 때문이라고 생각한다. 그러나 낙관적인 사람들은 수시로 바뀌는 상사의 기분이 그날따라 나빴기 때문이라고 생각한다.

둘째, 원인의 '전반성Globality(전반적 대 특정적)' 정도를 평가하는 것이 다르다. 앞에서 언급한 지속성이 시간적인 개념이라면 전반성은 공간적인 개념이다. 예컨대, 데이트를 신청했는데 거절을 당했다고 치자. 비관적인 사람들은 한 여자에게 거절을 당하고 나면 세상의 모든 여자들도 자기를 싫어할 것이라고 생각하는 반면, 낙관적인 사람들은 거절한 그 여자를 제외한 다른 여자들은 그렇지 않을 수도 있다고 생각한다.

셋째, 원인의 '개인화Personalization(내부적 대 외부적)' 정도가 다르다. 문제가 발생하면 비관적인 사람들은 그 원인을 내부에서 찾고 낙관적인 사람들은 외부에서 찾는다. 예컨대, 사람들 앞에서 발표할 때 긴장을 심하게 했다고 치자. 비관적인 사람들은 자신이 너무 발표력이 없고 무능하다는 등 모든 게 자신에게 문제가 있기 때문이라고 생각한다. 그러나 낙관적인 사람들은 다르다. 그들은 대중 앞에서 중요한 것을 발표할 때 긴장하는 것은 당연하다고 생각한다. 그러면서 다른 사람들도 똑같이 긴장하겠지만 겉으로 드러나지 않기 때문에 그들은 긴장하지 않은 것처럼 보일 뿐이라고 생각한다.

낙관성으로 가는 코스, ABCDE 과정

이제 인지치료 이론에 근거한, 낙관성으로 가는 ABCDE 과정을 살펴보면서 사고방식을 바꿔보자.

첫째, 불쾌했던 사건A: Adversity을 찾아보라. 실망, 분노, 좌절, 우울감이 생기는 데는 반드시 그것을 유발시킨 사건이 있기 마련이다. 사고방식을 변화시키기 위해 가장 먼저 해야 할 일은 우리를 불쾌하게 만든 사건을 찾아내는 것이다.

둘째, 사건에 대한 당신의 생각B: Belief을 찾아보라. 기분 좋게 출근했는데 오후에 상사로부터 일을 못한다고 호되게 질책을 받았다. 그리고 이런 생각이 들었다. "나는(자신에게서 문제의 원인을 찾음) '능력'(쉽게 바꿀 수 없는 지속적인 원인)이 없나 봐. 나는 제대로 하는 것이 하나도 없으니 승진도 어려울 거야(전반적인 문제로 확산)." 이들의 내면적인 언어를 자세히 분석해보면, 비관적인 요소가 모두 포함되어 있음을 알게 될 것이다.

셋째, 그 일을 겪고 난 결과C: Consequence를 찾아라. 상사로부터 질책을 당한 다음, 자신이 무능하기 때문에 아무것도 할 수 없을 것 같고, 장래에 대해서도 암울하게 생각한다면 어떤 결과가 일어날 수 있는가? 아마 괴로움에서 벗어나지 못하고 포기하고 절망할 것이다.

넷째, 사고방식을 논박D: Dispute하라. 자신의 사고방식에 부적절한 점이 있다면 그것을 찾아내고 스스로에게 다음과 같은 네 가지 질문을 던지면서 그것을 논박해야 한다.

1. 내 신념을 지지하는 증거가 있는가? 단지 그 한 번의 질책으로 무능한 인간이라는 생각을 확인할 수 있단 말인가? 설사 두 번, 세 번, 열 번을 당했다고 할지라도 그것이 내가 쓸모없는 인간이라는 충분한 증거가 될 수 있는가?

2. 대안적인 해석을 무시하지는 않았는가? 이성에게 프러포즈를 했

는데 거절을 당했다. 거절당하는 것이 유쾌한 일은 아니지만, 그 사람이 데이트에 응할 기분이 아니었다든지, 다른 사람은 자기를 좋아할 수도 있을 것이라든지 하는 대안적인 해석은 얼마든지 찾아낼 수 있다.

3. 그렇게도 끔찍한 일인가? 대학입시에 낙방했다고, 사랑했던 사람이 배신했다고 해서 자살해야 할 만큼 끔찍한 일인가? 많은 사람들이 대학입시에서 떨어지고 또 프러포즈를 거절당한다. 실패하고도 그것을 극복해 성공한 사례는 얼마든지 있다.

4. 내 생각과 행동이 내게 도움이 되는가? 거절당했기 때문에, 시험에 낙방했기 때문에 고민하고, 괴로워하며, 포기하는 것이 과연 내 인생에 도움이 되는가? 지금의 고민과 포기가 내 인생에 도움이 되지 않는다면 가능한 한 빨리 중단하고 대책을 찾는 것이 더 낫다.

비합리적인 생각 수정하기 3단계

1. 사건 자체보다 사건에 대한 해석이 더 중요함을 수용한다.
2. 부정적인 감정을 만들어내는 비합리적인 생각을 찾아낸다.
3. 비합리적인 사고를 논박하고 보다 합리적인 생각으로 대체한다.

지금까지 우리는 사건, 그에 대한 신념, 그 결과를 확인하고 부적절한 신념에 스스로 도전해서 논박하는 과정을 자세히 살펴보았다. 자, 논박까지 끝냈다면 이제 마지막으로 생각을 바꾸고 실행E: Energization에 옮기면 된다.

성공한 사람들이 생각보다 많지 않은 이유는 실패했을 때의 경험을 디딤돌로 만들어 그것을 딛고 다시 일어서는 사람이 별로 없기 때문이다. 그대는 실패했을 때 스스로에게 그 이유를 어떻게 설명하는가? 어떤 방식으로 실패를 디딤돌로 만드는가?

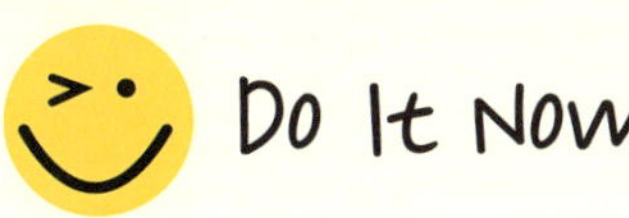

❶ 인간관계나 비즈니스를 하는 과정에서 나를 괴롭힌 실패경험 한 가지를 찾아보자.

----

❷ 그 일이 나를 우울하게 만든 원인을 세 가지 설명양식(지속성, 전반성, 개인화 차원)으로 정리해보자.

----

❸ 부정적인 감정을 유발시킨 비합리적인 신념을 합리적인 신념으로 바꿔보자.

절대로 포기하지 마라

윈스턴 처칠은 팔삭둥이 조산아로 태어나 초등학교 때는 교사로부터 제일 멍청한 소년이라는 말을 듣고, 중학교 때는 영어 과목에서 낙제 점수를 받아 3년이나 유급했다. 결국 캠브리지나 옥스퍼드에는 입학할 수 없어 육군사관학교에 입학했다. 그러나 그는 훗날 영국의 수상이 되었다. 어느 날 그가 명문 옥스퍼드 대학에서 졸업식 축사를 하게 되었다. 처칠이 위엄 있는 차림으로 연단에 오르자 관중들은 일제히 자리에서 일어나 그에게 박수를 보냈다. 처칠은 열광적인 환영을 받으며 천천히 모자를 벗어 연단에 내려놓았다. 그러고 나서 청중들을 한 번 둘러보았다. 청중들은 모두 숨을 죽이고 그의 입에서 나올 근사한 축사를 기대했다. 드디어 그가 입을 열었다. "절대로 포기하지 마라(Never Give-Up)!" 그는 힘 있는 목소리로 첫 마디를 뗐다. 그러고는 다시 청중들을 천천히 둘러보았다. 청중들은 그의 다음 말을 기다렸다. 그때였다. 처칠은 다시 한 번 큰 소리로 이렇게 외쳤다. "절대로, 절대로, 절대로 포기하지 마라(Never, Never, Never Give-Up)!" 그것이 축사의 전부였다.

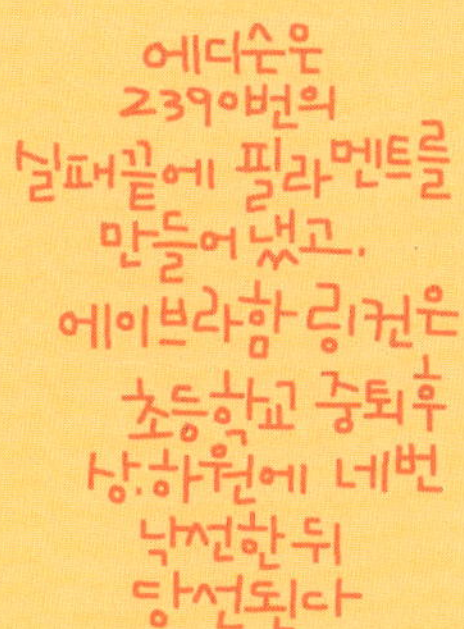

에디슨은
2390번의
실패끝에 필라멘트를
만들어냈고,
에이브라함 링컨은
초등학교 중퇴후
상·하원에 네번
낙선한뒤
당선된다

아이는 평균
2000번을
넘어져야 비로소
걸을수있고,
겨울에 자란
나무의 나이테 부분은
여름에 자란
부분보다 단단하다

Never!
Give-Up!

7

통제감이 높아지면 수명도 길어진다

통제감의 효과 Controllability Effect

우리는 거의 언제나 선택권을 가지고 있고, 그 선택이 훌륭할수록 우리는 좀 더 스스로의 인생을 통제할 수 있다. _윌리엄 글래서William Glasser

주머니가 두둑하면 때가 돼도 배고픈지 모른다. 그러나 이상하게도 돈이 떨어지면 배도 빨리 고파지고, 그것이 유난히 서럽게 느껴진다. 주머니가 두둑할 때보다 빈 주머니로 누군가를 만나게 되면 왠지 주눅이 들고 스트레스도 더 받게 된다. 왜 그럴까? 그것은 무엇을 먹을 것인지 빈 주머니인 사람은 스스로 결정하기 어렵기 때문이다.

같은 음악이라도 남이 켜놓은 라디오에서 들리는 소리는 왠지 귀에 거슬린다. 똑같이 야근을 하면서도 상사보다 부하직원들이 더 많은 스트레스를 겪는다. 남이 켜놓은 라디오는 내 마음대로 끌 수 없고, 부하직원이 야근을 끝낼 시간을 결정하는 것은 어렵기 때문이다. 실제로 리더의 위치에 있는 사람들과 그렇지 않은 사람들을 비교한 하버드 대학 연구팀의 조사결과, 리더 그룹은 비리더 그룹보다 스트레스 검사 점수도 낮고, 스트레스를 받을 때 분비되는 호르몬인 코르티솔 분비 수준도 27%나 낮았다. 이처럼 자기 스스로 상황을 통제할 수 없을 때는 스트레스가 가중되고, 자기 스스로 통제할 수 있을 때는 스트레스가 감소되는 현상을 심리학에서는 '통제감의 효과Controllability Effect'라고 한다.

마지못해 하는 일이
스트레스가 더 심한 이유

심리학자 기어J. H. Geier와 마이셀E. Maisel은 기발한 아이디어로 상황 통제에 대한 신념이 스트레스를 매우 효과적으로 감소시킬 수 있다는 사실을 증명했다.

그들은 우선 한 집단의 대학생들에게 사고를 당해 참혹하게 죽은 사람의 시신을 사진으로 보여주었다. 그러고는 그것을 더 이상 보고 싶지 않으면 언제든지 버튼을 눌러 실험을 중단할 수 있다고 말해주었다. 다른 집단에게는 실험에 참여하기로 동의했기 때문에 실험이 끝날 때까지 의무적으로 그 사진들을 봐야 한다고 말해주었다.

두 집단이 사진을 보는 동안 피부 전기저항 등을 측정해 그들이 받는 스트레스 정도를 검사했다. 결과는 상반된 모습으로 나타났다. 실험에 참가하기로 했으니 의무적으로 끝까지 사진을 봐야 한다고 믿었던 학생들은 심한 스트레스를 받았다. 그러나 원치 않으면 언제든지 실험을 그만둘 수 있다고 믿었던 학생들은 똑같은 실험상황에서도 별로 스트레스를 받지 않았다.

왜 이러한 결과가 나타났을까? 실험 중단 여부를 스스로 결정할 수 있다는 믿음, 즉 통제감에 대한 신념 여부가 스트레스 정도를 좌우하기 때문이다.

확실히 똑같은 일을 하면서도 내 마음대로 할 수 없는 상황에서는 스트레스를 더 받는다. 그러나 통제가 가능하다고 믿게 되면 스트레스가 줄어든다. 어쩌면 누구도 부정하기 힘든 당연한 이치라고 할 수 있다.

그러므로 같은 일을 하면서도 통제가 불가능하다고 생각하면 성과가 오르지 않는다. 성과가 오르지 않으면 통제감은 자연스레 줄어든다. 악순환이 일어나는 것이다. 반면에 통제감을 갖고 자발적으로 일하게 되면 스트레스는 적게 받게 되고, 스트레스를 적게 받게 되면 그 일을 더 잘 하게 된다. 선순환이 일어나는 것이다. 어떤 선택이 우리의 삶에 이로울지는 불을 보듯 뻔하다.

나을 수 있는 병도
포기하면 점점 더 악화된다

통제감의 상실은 심리적 스트레스뿐만 아니라 신체적인 질병에도 매우 중요하게 영향을 미친다.

최근 의학계에서는 신체적인 질병과 개인의 성격특성 간의 관계를 밝히는 연구가 활발히 진행되고 있다. 그 가운데 심리학자 페팅게일K. W. Pettingale이 유방암 환자들을 대상으로 병에 대한 태도와 사망률을 분석한 것이 있다.

환자들 중 치료도 잘 받고 관리만 잘 하면 얼마든지 암을 극복할 수 있다고 믿는, 즉 통제감을 갖고 있는 환자들과 노력해도 소용없다고 생각하는 환자들의 수술 후 사망률을 비교한 결과, 현저한 차이가 나타났다. 자신이 병을 극복할 수 있다고 믿었던 환자의 71%가 생존했다. 그러나 절망감에 빠져 포기했던 환자는 19%만이 살아남았다.

그렇다면 사람만 그럴까? 아니다. 심지어는 쥐 같은 동물의 경우도 상황에 대한 통제감을 갖게 되면 스트레스를 적게 받을 뿐 아니라 암에 대한 저항력도 높아진다는 연구 결과가 있다. 매들린 비신타이너Madelon Visintainer라는 심리학자는 쥐들을 대상으로 해서 상황에 대한 통제감과 암세포의 확산 정도 간의 관계를 알아보기로 했다.

비신타이너는 쥐들에게 암세포를 이식한 후, 전기충격을 주면서 몇 번의 시도로 전기충격을 피할 수 있게 훈련시킨 쥐들과 그렇지 않은 쥐들을 비교했다. 쥐들이 받는 전기충격의 횟수, 강도, 사료의 양, 생활조건 등 모든 물리적 조건은 동일하게 유지했다. 유일한 차이는 전기충격을 통제할 수 있는 훈련의 유무뿐이었다.

한 달이 지난 후, 전기충격에 대한 통제감을 갖고 있던 쥐들은 70%가 살아남았다. 그러나 통제력 훈련을 받지 못한 무력한 조건의 쥐들은 27%만이 종양을 극복해냈다. 이를 통해 비신타이너는 통제감이 암에 대한 저항력을 증진시키며, 무력감은 암을 악화시킬 수 있다는 사실을 실험으로 증명한 최초의 심리학자가 되었다.

이 연구가 발표된 이후, 통제감의 상실이 종양의 증식에 취약한 이유를 밝히는 수많은 연구들이 진행되었다. 무력감에 빠진 쥐들의 면역체계를 연구한 결과, 바이러스나 박테리아, 종양세

포 등을 찾아 죽이는 T-세포의 활동이 급격히 감소된다는 사실을 밝혀냈다.

행복하게 장수하는 비결은
뭐든 스스로 선택하는 것

최근 국내의 의학, 문화 인류학, 가족학, 영양학, 사회학 등 각 방면의 연구자들이 모여 100세 이상 장수인의 특성을 종합적으로 분석한 실태 보고서를 발표했다. 이 보고서에 따르면 장수인은 거의 대부분 사교적이며 낙천적인 성격적인 특성을 가졌다. 남자는 평균 75세, 여자는 평균 72세까지 적극적으로 생업에 종사했으며 지금도 38% 정도는 집안일, 마을 나들이, 밭일 등을 스스로 선택해 계속하고 있는 것으로 조사되었다.

심리학자 앨렌 랭거Ellen Langer와 주디스 로딘Judith Rodin은 양로원의 노인들을 대상으로 자기의 일을 스스로 선택하고 결정하는 통제감이 노인들의 수명에 미치는 영향을 실험으로 확인했다. 한 조건의 노인들에게는 그들이 원하는 것을 스스로 결정하게 했다. 원하는 음식을 만들어 먹을 수도 있고, 원하는 영화를 골라서 볼 수도 있으며, 키우고 싶은 화초가 있으면 키울 수도 있게 했다. 다른 조건의 노인들은 똑같은 시설에 거주하지만 선택권에 있어서는 많은 제약을 두었다. 정해진 메뉴의 식사를 해야 하며, 영화 관람도 정해진 날에 직원들이 선정한 것만 보게 했다. 화초 관리도 간호사가 해주었다.

18개월 동안 관찰한 결과, 스스로 선택하고 자기 삶을 통제했던 노인들은 그렇지 못한 노인들에 비해 훨씬 더 행복하고 건강한 상태로 살아가고 있었다. 뿐만 아니라 생존자도 훨씬 많은 것으로 나타났다. 스스로 선택하고 결정할 수 있었던 집단의 경우 18개월 후 사망자는 15%에 불과했다.

그러나 통제력을 행사하지 못하고 직원들의 보호만 받고 살았던 집단의 경우, 전체 인원의 30%가 사망해 실험집단 사망자의 두 배나 되었다. 이 실험은 선택의 권리와 통제력의 행사가 건강과 행복한 삶에 얼마나 중요한지를 단적으로 보여준다.

환경이 아니라 환경에 대한 반응을 통제하자

우리 모두는 살아가면서 수없이 많은 역할들을 맡게 된다. 남편으로서, 자식으로서, 상사로서, 친구로서 또는 고객으로서 다른 사람들의 요구에 대처하게 되며 그 과정에서 이런저런 좌절을 겪게 된다. 하지만 똑같은 좌절을 겪어도 어떤 사람은 쉽게 무력감에 빠지지만, 어떤 사람은 더 적극적으로 행동해서 상황을 변화시킨다. 일에 대한 통제력을 자신에게 부여하기 때문이다.

예컨대, 상사의 질책을 받아 화가 나더라도 대개 상사의 면전에서는 화를 내지 않을 것이다. 겉으로 보기에는 똑같이 참는 것같이 보여도 참는 것을 스스로 선택했다고 생각하는 사람은 스트레스를 적게 받는다.

그러나 어쩔 수 없이 참을 수밖에 없다고 생각하는 사람은 심한 좌절감을 겪는다. 전자는 상사와의 관계를 주도적으로 개선할 수 있다는 통제권을 자기가 갖고 있다고 믿지만, 후자는 통제감을 이미 상실했기 때문이다. 자기를 위해 하는 일조차도 다른 사람 때문에 어쩔 수 없이 해야 된다고 생각하면 짜증이 나지만 남이 시킨 일이라도 자신에게 도움이 되기 때문에 스스로 선택했다고 생각하면 그 일을 하고 싶은 의욕이 생긴다.

우리는 어떤 상황이 우리를 불행하게 만든다고 믿지만 사실은 그렇지 않다. 어떤 사람 때문에 화가 난다면 그건 그 일에 대한 내 '생각' 때문이다. "너 때문에 화가 난다."는 말을 모든 감정은 자신의 선택에서 비롯된다는 방식으로 다시 고쳐 써보면 이렇게 될 것이다. "안 그럴 수도 있지만 지금은 화를 내고 싶어. 난 화를 낼 거야. 화를 내면 사람들이 더 이상 날 함부로 대하지 못하거든."

시도 때도 없이 화를 내는 사람들이 있다. 화를 낼 경우가 아닌데도 화를 낸다는 것이다. 왜 그럴까? 그것은 그 사람이 화를 낼 수밖에 없는 이유를 찾아내 화내기를 선택했기 때문이다. 그러므로 화내는 버릇을 고치고 싶다면 화를 낼 수밖에 없는 이유를 찾는 대신 화를 내지 말아야 할 이유를 찾아야 한다. 그리고 화를 내지 않기를 선택하면 된다.

모든 것은 자신이 선택하는 것이다. 우리는 옷 입는 순서, 인사를 할 것인지 무시할지, 이 책을 계속 읽을지 말지를 선택할 수 있다. 그러므로 우리는 자신의 정신세계도 통제할 수 있다. 누가 우리에게 "빨간 양말을 떠올리세요."라고 말해도 우리는 얼마든지 그의 요구를 따르지 않고 파란색 양말을 떠올릴 수 있다. 양말 대신 모자를 떠올릴 수도 있고, 내가 원하는 그 어떤 것도 내 마음대로 선택할 수 있다. 내 머릿속의 생각을 선택하는 데는 어느 누구의 도움도 필요 없다.

우리는 아침에 일어나서 아내에게 나쁜 기분을 갖기로 선택하면 얼마든지 근거를 찾아낼 수 있다. '시부모 생신을 제대로 챙기지 않는다.' '감사할 줄 모르고 사과할 줄도 모른다.' '어딜 가나 트집을 잘 잡는다.' 하지만 정반대로 좋은 기분을 갖겠다는 생각을 선택할 수도 있다. '아직 건강하다.' '아이들과 잘 놀아준다.' '기분이 좋을 때는 누구보다 친절하다.'

마찬가지로 출근하면서 즐거운 하루를 선택할 수도 있다. 예를 들어, 지하철을 타고 출근을 한다면 승객들의 틈을 비집고 들어가 겨우 발을 딛고 서서, 자신을 즐겁게 하는 10가지를 찾아 이렇게 속으로 중얼거릴 수 있다. "교통체증 걱정이 없는 지하철이 있다. 사랑하는 가족이 있다. 일할 수 있는 직장도 있다. 아직 건강하다. 무뚝뚝하지만 유능한 상사가 있다……."

이처럼 행복해지기로 선택하면 우리는 매일 아침 가정에서는 물론 일터에 들어설 때도 즐거운 사람이 된다. 그러면 우리 자신뿐 아니라 매일 같이 사는 가족 그리고 동료와 고객들까지 즐겁게 만들 수 있다.

정반대로 불평하기를 선택해서 불쾌한 하루를 시작할 수도 있다. 불평하기를 선택하면 끝도 없는 불평들이 줄을 서서 기다리고 있을 것이고, 그런 불평은 자신뿐 아니라 동료와 고객들에게까지 불쾌한 기분을 전염시킬 것이다. 즐겁게 일하는 사람들은 그들의 동료들이 그토록 불평하는 바로 그 사장 밑에서 같은 회사를 다니는 데도 거의 불평을 하지 않는다.

모든 것은 우리 자신의 선택에 달려 있다. 사장이 아무리 흥분한다고 해도 그에 대한 반응을 선택하는 것은 우리의 몫이다.

이 세상의 어떤 사람도 자기 주변의 소소하면서도 자질구레한 모든 환경을 통제할 수는 없다. 그러나 환경에 대한 우리의 반응은 얼마든지 통제할 수 있다. 통제감을 높이려면 다음과 같은 몇 가지를 고려하면서 통제 불가능한 것이 아니라 통제가 가능한 것을 통제하려고 해야 한다.

첫째, 자신의 태도나 행동부터 변화를 시도해야 한다. 예를 들어 배우자의 성격을 바꾸기는 어렵다. 그러나 배우자에 대한 자신의 태도는 마음만 먹으면 얼마든지 바꿀 수 있다. 따라서 관계를 개선하려면 먼저 바꿀 수 있는 자신의 태도부터 바꿔보라. 그리고 기다려보자. 그러면 서서히 하나씩 하나씩 주변이 달라질 것이다.

둘째, 좋아하는 일부터 스스로 결정해야 한다. 예를 들어 아이들에게 계획대로 실천하게 하려면 하기 싫어하는 공부보다 노는 계획을 세우게 하는 것이 더 효과적이다. 하기 싫은 일보다는 자기가 좋아하는 일부터 통제를 시도해야 한다.

셋째, 타인의 평가에 너무 연연하지 않아야 한다. 다른 사람의 평가에 지나치게 연연하는 사람은 결코 자기의 삶을 통제할 수 없다. 상대방의 평가를 수용하든 거부하든 최종적으로 선택하는 것은 자기 자신이다.

책임responsibility이라는 말은 '반응response을 선택할 수 있는 능력ability'이란 속뜻을 가지고 있다. 우리에게 일어나는 모든 일에 대해 완전히 책임을 진다는 건 불가능할지도 모른다. 그러나 일어나는 일에 대해 어떻게 반응할 것인지는 얼마든지 우리의 마음대로 선택할 수 있다.

자신의 삶을 끝까지 책임지고 싶다면 자신의 행동과 생각을 스스로 선택해야 한다. 인간은 누구나 자신이 자기 삶의 주인이 되어 자신의 삶을 통제할 수 있을 때 행복을 느낀다. 우리는 누구나 자신의 삶에서 중요한 선택을 스스로 할 수 있다. 자신이 선택한 것에 대해 책임질 수 있는 사람이 진정 행복한 사람이다.

통제감을 높이는 법

1. 내가 바꿀 수 없는 것과 바꿀 수 있는 것을 구분해본다.
2. 바꿀 수 없는 것은 존재 권리를 인정하고 그에 대한 나의 태도를 바꾼다.
3. 바꿀 수 있는 것을 찾아 에너지를 집중하고 변화를 시도한다.

삶이란 우리 인생 앞에 어떤 일이 생기느냐에 따라 결정되는 것이 아니라 우리가 어떤 태도를 취하느냐에 따라 결정된다. 우리에게 일어나는 일 중 90%는 우리가 마음대로 바꿀 수 없는 것이며 10%만이 우리가 마음대로 바꿀 수 있는 것이다. 그것은 우리에게 일어나는 일들에 대한 우리들의 선택이다. 그리고 우리의 운명은 우리가 마음대로 선택할 수 있는 이 10%에 의해서 결정된다.

아주 오래전 신학자 라인홀트 니부어Reinhold Niebuhr는 이렇게 기도했다. "주여, 저에게 제가 변화시킬 수 없는 것들을 받아들이는 평상심과 변화시킬 수 있는 것들을 변화시키는 용기와 그리고 그 차이를 구별할 줄 아는 지혜를 허락하소서." 아무리 많이 들어도 정말 지혜로운 말씀이다.

❶ 통제 불가능하다는 것 때문에 더 하기 싫거나 괴로웠던 일 한 가지를 찾아
보자.

----

❷ 통제 불가능한 일을 변화시키려다 좌절한 일 한 가지와 통제 가능한데도
안 된다고 생각해 포기한 일 한 가지를 찾아보자.

----

❸ 통제 불가능하다고 생각되는 일 한 가지를 찾아, 그 일에 대한 해석과 반응
을 바꿔보자.

나 자신을 먼저 변화시켰더라면……

내가 젊고 자유로워서 상상력에 한계가 없을 때

나는 세상을 변화시키겠다는 꿈을 가졌다.

좀더 나이가 들고 지혜를 얻었을 때 나는 세상이 변하지 않으리라는 것을 알았다.

그래서 내 시야를 약간 좁혀 내가 살고 있는 나라를 변화시키겠다고 결심했다.

그러나 그것 역시 불가능한 일이었다.

황혼의 나이가 되었을 때 나는 마지막 시도로,

나와 가장 가까운 내 가족을 변화시키겠다고 마음을 정했다.

그러나 아무것도 달라지지 않았다.

이제 죽음을 맞이하기 위해 자리에 누운 나는 문득 깨닫는다.

만약 내가 나 자신을 먼저 변화시켰더라면,

그것을 보고 내 가족이 변화되었을 것을…….

또한 그것에 용기를 내어 내 나라를 좀더 좋은 곳으로 바꿀 수 있었을 것을…….

그리고 누가 아는가? 세상까지도 변화되었을지!

-영국 웨스트민스터 대성당, 지하묘지의 묘비 중에서

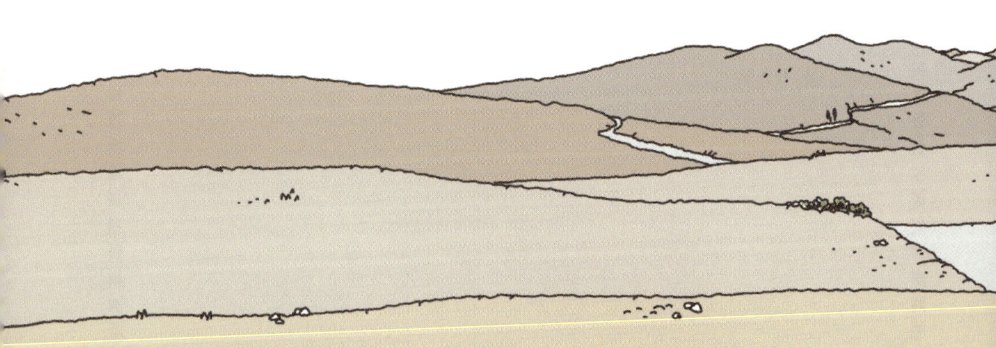

네가
가는
모든길을
비단으로
덮을 수는
없는일!

그대
신발에
비단을
깔면
될일을..

가능한 일
할수 있는 일
선택은
그대의 몫!

최악을 상상하면 최선의 방법이 생긴다

대비효과·Contrast Effect

어떤 순간의 고난이 비록 참기 힘든 것이라 할지라도 상상할 수 있는 가장 처참한 것보다는 낫다. _빅터 프랭클Viktor Emil Frankl

양주를 시켰을 때 5만 원 이상 받는 안주를 호프집에서는 2만 원에 내놓는 경우가 있다. 이 경우 호프집의 안주는 값이 절반밖에 안 되는데도 더 비싸게 느껴진다. 왜일까? 술값에 비해 상대적으로 비싸기 때문이다. 사람들은 그냥 와이셔츠만을 사러 갔을 때보다 비싼 양복을 사고 난 다음에 더 비싼 와이셔츠를 구입하는 경향이 있다. 합리적으로 생각할 때는 비싼 양복을 구입하기 위해 많은 돈을 지불했기 때문에 돈을 아끼기 위해 값이 싼 와이셔츠를 사야 할 것이다. 그러나 실제로는 그렇지 않다.

많이 쓰면 푼돈이
더 하찮게 느껴지는 까닭

사람들은 돈의 가치를 따질 때 액수 그 자체가 아니라 그전에 또는 함께 지불한 다른 것의 값과 비교한다. 그래서 20만 원짜리 양주를 마실 때 안주 값 5만 원보다 2만 원어치의 맥주를 마실 때 안주 값 2만 원이 더 비싸게 느껴지는 것이다. 10만 원짜리 와이셔츠만 보면 비싸게 느껴지던 것이 100만 원짜리 양복을 구입하고 나면 대수롭지 않게 생각되는 것도 같은 이치다.

처음에 가벼운 물건을 들고 나중에 무거운 물건을 들면 처음에 더 무거운 물건을 들었을 때보다 훨씬 더 무겁게 느껴진다. 이처럼 우리가 사물의 크기나 무게를 인식하는 과정에서 다른 것과 비교해 판단하고 느끼는 현상을 정신물리학에서는 '대비 효과Contrast Effect'라고 한다. 이 현상은 독일의 정신물리학자 에른스트 베버Ernst Heinrich Weber가 실험을 통해 규명했기 때문에 '베버의 법칙Weber's Law'이라고도 한다.

베버는 주로 추의 무게를 달리해 사람들이 무게의 차이를 구분하는 과정을 살펴보면서 물리적인 자극 강도와 주관적으로 느끼는 감각 강도 간의 관계를 연구했다. 연구를 지속한 결과 가벼운 추들을 비교할 때는 작은 차이만 있어도 변별이 가능하지만, 무거운 추들을 비교할 때는 상대적으로 무게의 차이가 훨씬 더 커야 변별이 가능하다는 사실을 확인했다. 베버의 법칙은 물리적인 자극뿐만 아니라 우리 삶의 다양한 분야에서도 똑같이 적용된다.

나하고
손떨기 시합이나 해볼까요?

누군가가 여러분을 찾아와 이런 고민을 호소하면서 조언을 구한다. "어려운 사람 앞에서는 너무 긴장되고 심하게 손을 떨기 때문에 사회생활을 하기가 어려운데 어떻게 해야 할까요?" 여러분은 그에게 어떤 조언을 하겠는가?

심리학자나 정신과 의사가 아니더라도 손이 떨리는 이유가 너무 긴장하기 때문이라는 것쯤은 누구나 안다. 그러니까 답은 간단하다. "너무 긴장해서 그런 것 같으니까, 긴장하지 말고 마음을 편하게 가지십시오." 결코 틀린 말은 아니다. 그러나 이 말이 그의 손떨림을 해결해줄 수 있을까? 그렇지는 않다. 왜냐하면 그 사람도 이런 생각은 해봤을 것이고 편하게 마음먹으려고 애쓴다고 긴장이 사라지는 것은 아니기 때문이다.

다음의 치료과정을 살펴보자.

치료자: 자! 지금부터 저와 함께 손떨기 시합이나 해볼까요?

환자: 시합이라뇨? 그게 무슨 뜻입니까?

치료자: 우리 두 사람 중 누가 더 빨리, 더 오랫동안 손을 떨 수 있는지 겨루어보자는 얘기죠.

환자: 아니, 선생님도 손을 떠세요? 그런지 몰랐는데…….

치료자: 나는 평소 손을 떨지 않지만, 마음만 먹으면 얼마든지 떨 수 있어요(치료자는 정말 빠르게 그리고 심하게 손을 떨어 보인다). 자, 이번에는 당신이 한 번 떨어보세요.

환자: 선생님은 저보다 훨씬 더 잘 떠시네요(환자는 평소보다 더 빨리 손을 떤다. 그러고는 웃는다).

치료자: 더 빨리 떨어보세요. 그 정도로는 안 돼요. 그보다 훨씬 더 심하게 떨어보세요.

환자: 안 돼요. 더 이상 심하게 떨 수 없어요.

위의 내용은 정신과 의사 빅터 프랭클이 실제로 한 여자 환자를 치료하는 과정에서 주고받은 대화의 일부다. 이 환자는 48세의 주부로서 손을 심하게 떨어 커피를 흘리지 않고 마시기가 힘들 정도였다. 그녀는 남 앞에서 글을 쓸 때도 손을 떨었으며 손에 책을 들고 읽을 수도 없었다. 그러나 면담을 끝낸 이 환자는 손을 떨지 않았을 뿐 아니라 커피를 한 방울도 흘리지 않고 마실 수 있었다.

독자 여러분이 생각해냈던 조언과 이 치료방법은 어떤 점에서 다른가? 아마도 당신은 손을 떨지 않게 하는 데 초점을 맞췄을 것이다. 그러나 빅터 프랭클의 발상은 달랐다. 그는 환자에게 손을 더 심하게 떨어보도록 요청했다. 빅터 프랭클은 환자에게 손을 떨지 않으려는 처절한 싸움을 그만두게 하고 오히려 자신의 증상을 의도적으로 과장해 보이도록 요구했다. 그리하여 환자는 증상에 집착하고 있는 자신의 모습을 보고 웃게 되었다. 극단적으로 과장된 증상과 현재의 상태를 대비시켜 여유를 찾게 만든 것이다. 긴장은 여유를 통해 감소될 수 있기 때문이다.

증상을 제거하려면 할수록 그 증상에 집착하게 되고 집착이 심해지면 그만큼 긴장되기 때문에 증상이 악화되는 악순환이 반복된다. 그러나 자신의 증상을 극단적으로 과장하면 대비효과가 일어나 현재의 증상이 훨씬 더 가볍게 느껴질 뿐만 아니라 자기의 모습을 해학적으로 바라볼 수 있게 된다. 이때 경험되는 여유와 유머는 거리감을 갖고 자기의 모습을 보는 것, 즉 '자기분리Self-Detachment'를 가능하게 만들어준다.

앞에서 언급한 빅터 프랭클은 유대인이라는 이유로 가족과 함께 지옥 같은 아우슈비츠 수용소로 끌려가 여동생 한 명을 제외하고 그의 아내를 포함해 모든 가족을 잃었다. 그는 굶주림과 혹독한 추위 그리고 인간으로서 도저히 견딜 수 없는 핍박으로 죽음과 삶의 경계를 넘나드는 생활을 3년이나 한 후 수용소에서 풀려나 《죽음의 수용소에서》와 《삶의 의미를 찾아서》라는 책을 출간했다.

그는 이 책들에서 중노동, 굶주림과 추위, 질병과 정신적·육체적 학대 등 삶과 죽음이 교차되는 순간순간의 고난을 이겨내는 데 '더 큰 고난이 있음을 인정하는 것'과 '유머'가 얼마나 중요한지를 생생하게 묘사하고 있다. 그는 수용소에서 밤에 잠들기 전에 옷에 붙어 있는 이를 잡을 수 있는 것만으로도 감사했다. 불기 하나 없고 천장에는 고드름이 매달려 있는 막사의 추위 속에서 이를 잡는 일은 결코 즐거운 일이 아니었다. 그렇지만 그는 그런 상황에서도 이렇게 생각했다. "만약 이 순간 갑자기 공습경보라도 울리면 전등이 꺼져 이를 잡지 못할 텐데, 이렇게 이를 잡을 수 있으니 그 얼마나 다행인가."

물론 불이 켜져 있어도 모든 이를 잡을 수는 없다. 그렇지만 단 몇 마리라도 잡을 수 있다면, 한 마리도 못 잡을 때보다 더 편히 잠들 수 있을 것 아닌가. 더 처참한 상황을 상정해서 현재 의 고난에 감사하는 대비의 기술, 바로 그것이 그에게 삶을 포 기하지 않게 만든 원동력이 되었다.

그가 수용소에서 풀려난 후 어떤 사람이 유대인 포로들의 생 활을 찍은 사진을 보여주면서 얼마나 끔찍했느냐고 물었다. 그 사진은 선반 같은 침대 위에 피골이 상접한 채 겹겹이 누워 멀 뚱한 눈으로 어딘가를 바라보고 있는 포로들의 모습을 담고 있 었다. 프랭클은 사진을 보여준 사람에게 말했다. "어떤 순간의 고난이 비록 참기 힘든 것이라 할지라도 상상할 수 있는 가장 처참한 것보다는 낫다."

어떤 처참한 상황에서도 그것보다 더 험한 상황이 있음을 인 정하면 희망을 가질 근거가 찾아진다는 그의 '대비효과'의 체 험은 후일 앞에서 소개한 치료 사례에 적용한 '역설적 의도 Paradoxical Intention'라는 심리치료 기법의 토대가 되었다. 역설 적 의도란 원치 않은 어떤 상태를 회피하려고 하기보다는 오히 려 의도적으로 더 과장해서 직면하게 한 후 그 문제에서 벗어 나게 하는 심리치료 방법이다. 이 방법은 불면증, 말더듬, 대인 공포증, 무대공포증, 강박장애, 성기능장애 등을 치료하는 데도 널리 사용되고 있다.

불행하다면

더 처참한 상황을 상상하자

"남의 불행이 곧 나의 행복"이란 말이 있다. 부부싸움이 심한 이웃집을 보면서 '이 정도라면 우리는 그런대로 원만하다'고 생각할 수 있으며, 중병의 고통에 신음하는 환자를 대할 때 새삼 자신의 건강에 대한 고마움을 느낀다.

비극적인 주제를 다룬 영화가 관객에게 인기 있는 이유가 있다. 영화를 보는 동안에는 내내 슬픔에 젖어 눈물을 흘렸으나 극장을 나서면 괴롭고 고통스럽기보다는 왠지 후련해지고 바깥세상이 아름답게 보인다.

그것은 영화를 보는 동안 주인공이 겪는 역경이나 불행을 자신과 동일시하기 때문에 함께 울고 웃으면서 자연스레 자신의 감정을 정화시킬 수 있어서다. 아울러 주인공의 처지와 자신의 처지를 비교하면서 스스로 위안을 삼고 스스로 구원을 얻는 것 같은 생각을 하기 때문이다.

많은 영화나 소설의 줄거리들이 하나같이 슬프고 처절한 것도 어찌 보면 관객이나 독자들이 알게 모르게 불행한 주인공의 처지를 자신의 처지와 대비시켜 위안을 받을 수 있기 때문이다. "발이 없는 사람을 보기 전까지는 내게 신발이 없다는 사실을 슬퍼했다." 고대 페르시아의 속담이다. 만일 이 책을 읽고 있는 그대가 우울하다면, 전세계 인구 중 그대 자신과 운명을 바꾸고 싶어하는 사람들이 얼마나 많은지 생각해보라.

다른 사람이 갖고 있지 못한 것에 눈을 돌리면 내가 갖고 있는 것이 얼마나 많은지를 생각할 수 있게 된다. 그리고 그것들을 당연하게 여기지 않고 감사하는 마음을 갖게 된다. 그리하여 우리는 자신과 다른 사람을 위해 더 많은 일을 할 수 있다. 불행하다고 생각될 때 더 처참한 상황을 상상하면 우리가 겪는 고통이 훨씬 더 가벼워진다. 그대가 괴로울 때는 언제이고, 괴로움에서 벗어나기 위해 떠올릴 수 있는 더 처참한 상황은 무엇인가?

❶ 내가 불만족스럽게 생각하고 있는 일은 무엇이고 내게 부족한 것은 무엇
인가?

----

❷ 나보다 훨씬 더 처참하고 끔찍한 상황에 처한 사람들은 누구인가?

----

❸ 그들과 비교해 내가 더 많이 갖고 있는 것은 무엇이고 감사해야 할 일들
은 무엇인가?

발이 없는
사람을 보기
전까지는
내게 신발이
없는걸
슬프게 느끼지!
천국도
지옥도
마음속에
있는거니까

어떤 늑대가 이길까?

아메리카 인디언 체로키Cherokee 부족에게 대대로 전해오는 이야기가 있다. 추장 할아버지는 어린 손자를 산과 들로 데리고 다니며 살아가는 지혜를 가르쳤다. 꽃과 나무, 강물, 바위, 작은 동물에 이르기까지 자연의 모든 사물을 손자가 직접 보고 느끼도록 했다. 어느 날 손자는 늑대 한 마리를 보고 두려움에 떨며 할아버지 뒤로 얼른 숨었다. 할아버지는 웃으며 말했다. "얘야, 늑대도 자연이 키우는 귀한 생명이란다. 결코 너를 함부로 해치지 않을 테니 걱정하지 마라." 할아버지는 말을 이었다. "사실 우리 마음속에도 두 마리 늑대가 있단다. 그래서 마음속에서는 늘 싸움이 일어난단다. 한 마리는 매사 사랑스럽고 긍정적인 놈이고, 다른 한 마리는 성질이 사납고 부정적인 놈이란다. 이 같은 싸움이 네 안에서도 일어나고, 모든 사람의 마음에서도 일어난단다." 그 말을 듣던 손자는 이렇게 물었다. "그럼 어떤 늑대가 이기나요?" 할아버지는 이렇게 간단하게 대답했다. "그야 네가 먹이를 더 많이 주는 놈이 이기지." 그대는 평소 어떤 늑대에게 먹이를 더 많이 주는가?

9

질문을 바꾸면 답이 달라진다

긍정탐구 기법 Appreciative Inquiry Technique

아름다운 질문을 하는 사람은 언제나 아름다운 답을 얻는다.
_E. E. 커밍스E. E. Cummings

말썽쟁이를 지도해야 하는 한 교사가 그 아이에게 이렇게 질문한다. "네가 이렇게 말썽을 부리는 이유가 도대체 뭐니?" 그러면 그 아이로부터 말썽을 부릴 수밖에 없는 이유를 끝도 없이 듣게 될 것이다. 들으면 들을수록 화가 치밀어 어느 순간 그 교사는 이성을 잃게 될지도 모른다.

그러나 또 한 교사는 다르게 질문한다. "네가 조금이라도 좋아하는 과목이 있다면 말해줄 수 있겠니?" 그러면 이렇게 답할 것이다. "국어 과목이요." 그러면 다시 질문한다. "국어 과목이 좋은 이유가 뭘까?" 그 말을 듣고 있던 아이는 이렇게 답할 것이다. "그 선생님은 다른 선생님들과 달라요. 공부를 못해도 차별하지 않아요."

전자의 질문과 후자의 질문은 무엇이 다른가? 전자는 부정적인 대답을 유도하는 질문이고, 후자는 긍정적인 대답을 유도하는 질문이다. 이처럼 부정적인 질문을 하면 얼마든지 부정적인 답을 얻을 수 있고 긍정적인 질문을 반복하면 얼마든지 효과적인 해결책을 찾아낼 수 있다.

머피의 법칙과
샐리의 법칙

'머피의 법칙'이란 잘못될 가능성이 있는 일은 반드시 잘못되고야 만다는 것인데, 바라는 바와는 달리 일이 꼬일 때 자주 사용되는 말이다. 급한 때일수록 건너려는 신호등마다 빨간 불이 켜지거나 바겐세일에 백화점에 가보면 꼭 사려는 물건은 세일 품목에서 제외되는 등 누구나 살아가면서 마음대로 일이 풀리지 않았던 경험을 해보았을 것이다.

내가 가르치는 대학생들을 대상으로 조사한 머피의 법칙은 다음과 같다.

- 우산을 갖고 가면 날씨가 개고, 우산을 두고 가면 비가 온다.
- 간만에 제시간에 강의에 들어가면 칠판에는 '휴강'
- 출석 안 부르던 교수도 내가 결석하는 날에는 꼭 출석을 체크한다.
- 줄 서서 기다리던 커피 자판기는 꼭 내 차례에서 고장난다.
- 할 수 없이 택시 타면 기다리던 버스가 택시를 앞질러 간다.
- 벼르고 별러서 마음에 든 옷을 사면, 다음 날 50% 세일
- 지하철에서 겨우 자리 잡으면 할아버지가 나타나신다.

머피의 법칙이 한동안 유행하더니, 그다음에는 '샐리의 법칙'이라는 말이 나돌기 시작했다. 이는 머피의 법칙과는 달리 주위에서 일어나는 일들이 우연히도 자신에게 유리하게 풀린다는 의미로 사용된다. 내 강의를 듣는 학생들이 공개한 샐리의 법칙에 해당하는 경험들은 다음과 같다.

- 어쩌다 결석하면 때마침 그날은 휴강이다.
- 내내 놀다 시험 전에 슬쩍 본 것이 모두 출제된다.
- 모처럼 예쁜 옷 사 입고 나오면 마음에 든 사람을 만난다.
- 친구 옷이 마음에 들어 다음 날 사러 가니 30% 세일 시작
- 만원 엘리베이터에서 나 다음 사람이 타니 중량 초과
- 술값 초과해 고민할 때면 취한 친구가 객기 부려 계산한다.

간단한 실험을 하나 해보자. 원 안에 무엇이 보이는가? 혹시 10개의 점만 보이는 것은 아닌가? 사실 그 점들이 원 안에서 차지하는 영역은 극히 일부다. 그런데 당신은 그 점들에 집착해서 원 안의 흰 부분을 간과하지는 않았는가?

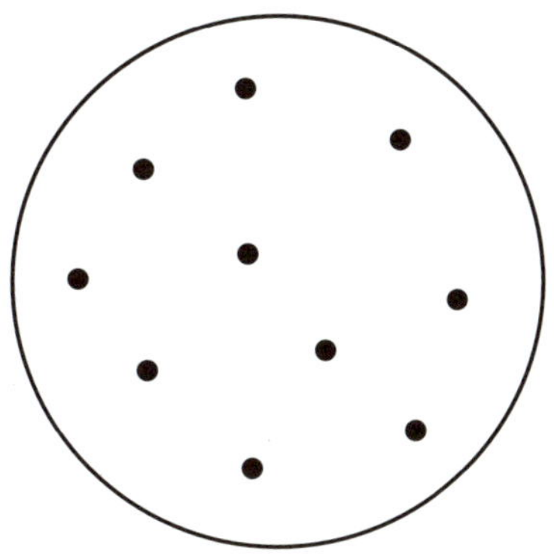

당신은 머피형인가, 샐리형인가?

누구나 때때로 하는 일들이 연거푸 꼬인 경험이 있을 것이다. 그러나 유별나게 자기는 운이 없으며 일이 꼬인다고 불평하는 사람들이 있다. 반대로 하는 일들마다 잘 풀린다고 생각하는 사람도 있다. 당신은 머피와 샐리 중 어느 쪽에 더 가까운가? 이를 위해 우선 성격적 특성부터 살펴보자.

내 강의를 들었던 남녀 대학생 176명에게 낙관성 검사를 실시했다. 이와 함께 스스로 자신이 머피의 법칙 또는 샐리의 법칙 중 어느 쪽에 해당되는지를 판단하게 했다.

자료 처리 결과, 낙관적 성격을 소유한 학생들 중 자기의 생활이 머피의 법칙에 지배를 받는다고 응답한 학생은 28.6%에 불과했으며, 샐리의 법칙에 해당된다고 반응한 학생은 71.4%로 나타났다.

그러나 비관적 성향을 지닌 학생들의 경우는 자신이 머피의 법칙에 해당된다고 한 학생이 86.9%나 되었으며, 샐리의 법칙에 지배를 받는다고 한 학생은 13.1%에 불과했다. 낙관적 성격 소유자와 판이하게 다르다.

세상일이 자신에게 유리하게 돌아가는지 아니면 불리하게 돌아가는지를 판단하는 것은 전적으로 그 사람의 성격에 의해 영향을 받는다. 앞에서 살펴봤듯이 뭔가 일이 꼬일 때, 낙관주의자와 비관주의자는 적어도 다음의 세 가지 점에서 다르게 생각한다. 첫째, 그 사건의 원인을 얼마나 지속적인 것으로 보는

가. 둘째, 한 가지 사건으로 국한시키는지 아니면 다른 일들도 함께 싸잡아 판단하는가. 셋째, 자신의 탓으로 돌리는지 아니면 환경이나 타인의 탓으로 돌리는가.

비관론자들은 뭔가 나쁜 일이 생기면 그것의 원인을 영구적이고, 전반적이며, 내적(자기)인 것에서 찾는다. 그러나 낙관론자는 똑같은 실패의 원인도 일시적이고, 그 사건에 국한되며, 외부적인 것에서 찾는다.

예컨대, 급할 때 택시가 잡히지 않으면 낙관주의자들은 '오늘은 택시가 잡히진 않는군(일시적)'이라고 생각한다. 반면, 비관주의자들은 '왜 항상 이렇게 일이 꼬이지(지속적)' 하고 자문한다. 시험 성적이 나쁘게 나올 때, 낙관주의자들은 '이번 영어 시험은 망쳤군(한정적)' 하고 생각하는 반면, 비관주의자들은 '난 공부 체질이 아니야(전반적)'라고 생각한다.

우산이 없는 날 비가 내리기 시작하면 낙관주의자들은 '날씨가 변덕이 심하군(외부적)'이라고 생각하는 반면, 비관주의자들은 '꼭 내가 우산을 갖고 나오지 않으면 늘상 비가 오더라(내부적)' 하고 투덜거릴 수 있다.

이처럼 우리 주변에서 벌어지는 일들은 사람들의 사고방식에 따라 무궁무진하게 해석될 수 있다 이를 좀더 구체적으로 살펴보자.

개 공포증 환자가
개를 더 잘 보는 이유

　　　　　　　　　　　동일한 사실을 보고도
사람들은 그것을 각기 다른 식으로 이해한다. 왜냐하면 세상이
나 사물 또는 자신에 대한 이해의 틀이 다르기 때문이다. 이러
한 마음의 틀, 일종의 필터를 심리학에서는 '도식schema'이라고
하는데, 이는 과거의 개인적인 기억이나 사회적 경험을 통해 형
성되고 유지된다.

　예를 들어, 개에 관해 어떤 사람은 네 발로 걷고, 멍멍 하고
짖으며, 털이 달려 있고, 날카로운 이빨이 있으며, 사람을 해친
다는 도식을 가질 수 있을 것이다. 또 다른 사람은 개에 대해 네
발로 걷거나 짖는 것은 앞의 도식과 같지만, 털이 부드럽고, 사
람을 좋아하며, 귀여운 동물이라는 다른 도식을 추가로 형성하
고 있을 수도 있다.

　개에 대한 도식처럼 사람들은 각자에 대한 도식을 마음속에
가지고 있는데 이를 '자기도식Self-Schema'이라고 한다. 각자가
가지고 있는 도식은 각자가 처한 상황을 해석하고 그 상황에서
어떻게 행동할 것인지에 대한 지침을 제공해준다. 개는 사람을
해친다는 개에 대한 도식과 함께, 자신은 개를 효과적으로 다룰
수 없다는 자기도식을 가진 사람은 개만 보면 피하게 될 것이

다. 그러나 귀엽고 사랑스럽다는 개에 대한 도식과 자신은 개를 무서워하지 않는다는 자기도식을 갖고 있다면 다가가서 개의 목을 쓰다듬을 것이다.

이처럼 사람들이 각자 지니고 있는 세상과 자기에 대한 도식이 무엇이냐에 따라 느끼는 감정과 드러내는 행동은 전혀 달라진다. 개에 대한 공포도식을 갖고 있는 사람들은 그렇지 않은 사람들에 비해 개에 민감하게 반응하기 때문에 개들을 더 잘 보게 되고 두려움을 강하게 느낀다. 마찬가지로 자신에 대해 비관적인 도식을 갖고 있는 사람들은 꼬이는 일들이 더 많이 일어난다고 판단한다. 왜냐하면 그들은 꼬이는 일들에 더 민감하게 반응하기 때문이다.

이렇듯 자신이 가지고 있는 도식과 일치하는 대상에 주의를 기울이고 과민하게 반응하는 것을 심리학에서는 '선택적 정보처리Selective Information Processing'라고 한다. 이에 따르면 사람들이 비관적인 자기도식을 가지고 있으면 꼬이는 일들에 더 민감하게 주의를 기울이고, 그것을 선택적으로 기억할 뿐만 아니라 더 잘 회상해내기 때문에 재수 없는 일들이 더 자주 일어나는 것으로 판단한다.

콩밥은 콩이 많은가,
쌀이 많은가

밥그릇에 콩밥이 담겨 있다고 하자. 콩이 많은가, 아니면 쌀이 더 많은가? 일반적으로 콩을 섞는 밥에는 콩이 쌀보다 적게 들어 있다. 콩이 정확히 28.5% 섞여 있다고 치자. 당연히 쌀은 71.5%가 될 것이다. 그럼에도 콩을 싫어하는 사람들은 콩이 왜 이렇게 많으냐고 투덜거릴 것이다. 콩을 싫어하는 사람의 눈에는 콩이 눈에 더 잘 띄기 때문이다. 그러나 전체 밥 속에서 쌀이 차지하는 비율을 고려하면 콩은 밥 전체의 3분의 1도 되지 않는다.

우리가 생활하면서 겪는 무수히 많은 일들 중 꼬이는 일들의 빈도는 사실 극소수에 불과하다. 출석했을 때 출석을 불렀던 일이 출석하지 않았을 때 체크하는 날보다 많은 것과 마찬가지로, 전화를 하려고 마음먹었을 때 곧바로 통화가 가능했던 일 등 꼬이지 않고 원만하게 풀렸던 일들이 우리 주변에서는 훨씬 더 자주 일어난다. 그런데도 사람들은 왜 꼬이는 일만 일어나는 것처럼 생각하는 것일까?

그것은 사람들이 판단과정에서 전체 사건들 중 꼬이는 일이 차지하고 있는 상대적 빈도, 즉 기저율Base Rate을 무시하기 때문이다. 우리가 겪는 대부분의 일들은 별 무리 없이 돌아가는 일들이다. 그래서 관심을 기울일 필요도 없고 기억에 남지도 않는다. 콩을 싫어하는 사람이 밥그릇 속의 쌀을 무시하고 콩에만 집착하듯이 머피형의 사람들은 기대에 어긋나는 일들만 생각한다. 이처럼 기저율을 고려하지 않고 자신에게 민감하게 느껴지는 일의 발생 빈도만으로 상황을 편파적으로 판단하는 경향을 심리학에서는 '가용성의 편파Availability Bias'라고 한다.

어떤 연구자가 아이들이 느끼는 부모에 대한 만족감 정도를 조사한다고 치자. 만약 "부모에게 조금이라도 불만을 가진 적이 있습니까?"라고 묻는다면 천사 가족이 아닌 이상 거의 대부분의 자녀들은 "예."라고 답할 것이다. 이렇게 되면 자녀들이 부모들에 대한 불만이 많다는 결론을 유도할 수 있다. 그러나 질문을 바꿔 "부모로부터 사랑을 받은 적이 있습니까?"라고 물으면 전혀 다른 결과가 나올 것이다.

열 곳의 신호등을 지나치면서 네 번씩이나 정지신호에 걸렸다고 불평하는 사람이 있는가 하면, 똑같은 상황에서도 여섯 번이나 녹색신호를 받아 재수가 좋았다고 여기는 사람이 있다. 자기에게 일어나는 일 중 95%가 무난하게 지나가고 5%가 제대로 풀리지 않을 경우, 풀리지 않는 5%의 일을 생각하는 데에만 95%의 에너지를 쓰는 사람들이 있다. 그런 사고 구조를 가진 사람들은 늘 우울하고, 괴롭고, 짜증 나는 삶을 살아간다는 문제를 갖고 있다.

　머피의 법칙에서 벗어나려면 평소 스스로에게 습관적으로 던지는 부정적인 질문을 긍정적인 질문으로 바꾸어야 한다. "못마땅한 일이 뭐지?"라고 묻는 대신에 "무난하게 돌아가고 있는 일은 뭐지?"라고 질문해야 한다. 또 "내가 갖지 못한 것이 뭐지?"라는 질문은 "내가 갖고 있는 것은 뭘까?"라는 질문으로 바꾸어야 한다.

질문을 바꾸면
대답이 달라진다

　　　　　　　　당신의 아이가 영어 95점, 사회 90점, 생물 70점, 수학 30점인 성적표를 받아왔다. 당신은 어떤 과목에 가장 먼저 눈이 가겠는가? 자녀와 어떤 과목에 대해 가장 오랫동안 대화를 하겠는가? 미국 연구 결과 77%의 부모들은 가장 먼저 눈이 가고 가장 오래 대화하게 될 과목을 제일 성적이 나쁜 수학이라고 답했으며, 오직 6%의 부모만이 최고점을 받은 영어라고 답했다. 부모들이 이처럼 약점기반의 접근법을 선택하는 데는 이유가 있다. 약점을 보완해야 등수가 올라가고 대학입학도 쉬워질 거라 생각하기 때문이다. 그런데

140

77%의 부모와 6% 부모 중 어느 쪽이 더 자녀와의 관계가 좋을까? 어느 쪽의 아이들이 성적이 올라갈 가능성이 더 높을까? 그리고 그 이유는 무엇인가?

가정뿐만 아니라 기업도 직원들의 약점이 아니라 강점에 초점을 맞춰야 생산성을 더욱더 효과적으로 높일 수 있다. 많은 기업들이 근무태도를 개선하고 직원들의 창의성을 높이기 위해 수많은 시간과 엄청난 예산을 투자하고 있지만 생각보다 효과가 없다. 주로 약점기반의 접근방법을 선택하기 때문이다. 조직의 문제점을 찾아내고 그것을 개선하는 데 에너지를 낭비하기보다 조직의 성과에 기여할 수 있는 소수 구성원의 강점을 발굴해 이를 조직 전체에 전파하는 것이 훨씬 더 효과적이다. 이런 식의 강점기반 접근법을 '긍정탐구 기법Appreciative Inquiry Technique'이라고 한다.

긍정탐구 기법 3단계

1. **발견(Discovery)**: 개인의 강점 또는 조직의 모범 사례를 찾는다.

2. **설계(Design)**: 강점이나 최상 사례의 활용방법을 설계한다.

3. **실행(Implement)**: 변화가 필요한 대상과 영역에 확대 적용한다.

강점기반의 이런 접근방법은 조직뿐 아니라 자신을 개선할 때도 매우 효과적이다. 실패한 사람들에게 강점이 무엇이고 어떻게 그것을 발휘하느냐고 물어보라. 십중팔구 얼른 대답을 하지 못할 것이다. 불행한 사람들에게 싫은 것이 무엇이고 약점이 무엇이냐고 물어보라. 그들은 길고 긴 목록을 끝도 없이 줄줄이 늘어놓을 것이다.

성과를 높이는 사람들은 인간의 약점이 아니라 강점을 활용해야 생산성을 높일 수 있다는 걸 잘 안다. 자신뿐 아니라 동료나 상사의 강점을 활용할 줄 안다. 그러므로 다른 사람을 대할 때는 물론이고 자신을 대할 때도 부정적인 것이 아니라 긍정적인 점이 무엇인지를 묻는 질문 습관을 들여야 한다. 긍정적인 질문을 하면 긍정적인 답을 찾게 된다. 질문을 바꾸면 대답이 달라지기 때문이다.

Do It Now!

❶ 나는 자신에 대해 약점기반의 질문을 하는 편인가? 아니면 강점기반의 질문을 하는 편인가?

❷ 불쾌한 일이 생겼을 때 스스로에게 던지는 부정적인 질문들을 찾아보자. 그로 인해 생길 수 있는 부작용은 무엇인가?

❸ 인간관계나 비즈니스에서 긍정탐구 기법을 사용할 수 있는 사례 한 가지를 찾아보자. 어떻게 활용할 수 있는가?

자신의
가치를
높일수록
단점은
작아지고~
자신의
가치를 낮출수록
단점은
점점
커지는 법!

같은 그림을 보고도

한 젊은 화가가 모든 사람들이 감탄하는 명화를 그리고 싶었다. 그래서 자신의 그림 중에 가장 잘 그린 작품을 복사해서 사람들이 많이 다니는 거리로 가지고 나갔다. 그림 옆에는 필기도구를 갖춰놓고 부족한 점을 지적해달라는 말을 적어놓았다. 젊은 화가의 부탁에 지나가던 사람들이 허심탄회하고 진지하게 의견을 적어주었다. 저녁이 되어 그림을 살펴보니 지적되지 않은 곳이 없었다. 젊은이는 큰 충격을 받았다. 그는 자기의 능력을 의심하기 시작했다. 그림에 대한 열정이 대단했던 만큼 상심도 커서 우울한 하루하루를 보냈다. 여느 때와는 달리 의기소침해진 그를 두고 영문을 알 수가 없었던 친구가 자초지종을 듣더니 싱긋 웃었다. 그리고 이번에는 다른 방법을 한 번 써보라고 일러주었다. 이튿날 젊은 화가는 같은 그림을 들고 거리로 나갔다. 이번에는 매우 잘 그렸다고 생각되는 부분을 지적해달라는 부탁을 써놓았다. 그랬더니 부족한 점을 적어달라고 부탁했을 때 지적된 곳과 거의 유사한 내용들이 적혀 있었다.

– 《인생을 바꾸는 3분 성공체크》(더난출판, 2004)

10

뿌린 대로 거두게 된다

상호성의 원리|Reciprocity Principle

무엇이든지 남에게 대접을 받고자 하는 대로 너희도 남을 대접하라.
_〈마태복음〉 7장 12절

"너 요즘 많이 예뻐졌다." 친구로부터 이런 말을 들었다면 대부분의 여자들은 어떻게 반응할까? 아마도 대개는 "너는 더 예뻐졌다."라고 대답할 것이다. "저는 부장님이 좋아요."라는 말을 부하직원으로부터 듣게 되면, 이 경우 역시 "나도 자네가 좋아."라고 반응할 것이다.

그렇다면 "당신 같은 사람은 정말 싫어."라는 말을 들었을 때는 어떻게 반응할까? 아마도 상대방의 단점을 떠올리면서 "나역시 당신이 싫어."라고 반응할 것이다. 심지어는 단점을 지적해달라고 부탁했던 사람도 상대방이 결점만 계속 지적하면 조금씩 부아가 나면서 '너는?'이라고 되묻고 싶은 생각이 들 것이다.

받은 대로 되돌려주고 싶은 게 사람의 마음이다. 심리학자 데니스 리건Dennis Regan은 사람들이 호의를 받으면 어떤 식으로든지 호의를 되갚으려 한다는 '상호성의 원리Reciprocity Principle'를 실험으로 증명해냈다.

그는 실험에 참여한 대학생들 중 한 명에게 실험실 앞에 둔 공짜 콜라를 들고 와 다른 참여자에게 주도록 했다. 그리고 실험이 끝난 후 그 동료에게 기숙사에서 자선모금을 위한 행운권을 사달라고 부탁하도록 했다. 그런 다음 콜라를 갖다 주지 않은 학생들이 행운권을 사달라고 부탁하는 조건과 비교했다. 결과는 판이했다. 콜라를 얻어 마신 학생들이 그렇지 않은 학생들에 비해 무려 두 배 이상이나 많은 행운권을 사주었다. 공짜 콜라라는 작은 호의를 받은 학생들은 그보다 훨씬 큰 호의로 이를 갚고 싶어한 것이다.

우리는 누구나
빚지고는 못 산다

중년 여자들이 오랜만에 만나면 의례적으로 서로 주고받는 인사말이 있다. "너 정말 예뻐졌다!"고 먼저 본 사람이 상대방을 칭찬하는 것이다. 웬만해서는 가족들을 칭찬하지 않은 여자들도 친구들을 만나면 칭찬에 매우 너그러워진다. 그런데 정말 친구들이 예뻐져서 칭찬을 하는 것일까?

사실 사람은 나이가 들면 주름살 하나라도 더 늘기 때문에 이전보다 더 예뻐진다는 것은 현실성이 별로 없다. 그렇지만 아름다움이 쇠퇴하는 것에 대한 두려움은 나이를 먹을수록 점점 더 커지기 때문에 '젊고 예쁘다'는 말을 듣고 싶어지는 마음 역시 점점 더 커질 수밖에 없다. 이 마음은 남녀노소를 불문하고 모두 똑같을 것이다.

그럴 때 우리가 가장 쉽게 활용할 수 있는 대상이 바로 비슷한 처지의 친구들이다. 그래서 우리는 오랜만에 만나는 친구에게(혹은 자주 만나는 사이일지라도) "예뻐졌다."고 칭찬을 한다. 그러면 성격에 특별한 문제가 없는 한 칭찬받은 친구는 대개 "너는 더 예뻐졌다."고 칭찬을 되돌려준다.

이것은 마치 누군가 내게 점심을 샀을 때, 다음에는 내가 사야겠다고 생각하는 것과 같다. 받는 대로 되돌려준다는 상호성의 원리는 인간관계뿐 아니라 비즈니스에서도 상상 이상의 막강한 위력을 발휘한다.

아니, 저게
사람을 뭐로 보고

염소 한 마리가 길을 가고 있었다. 시냇물 위에는 외나무다리 하나가 놓여 있었다. 염소는 조심조심 다리를 건넜다. 맞은편에서도 염소 한 마리가 건너오고 있었다. 외나무다리 한가운데서 두 마리 염소는 서로 양보하라고 요구하면서 조금도 물러서지 않았다. 머리를 맞대고 힘을 겨루다가 결국은 두 마리 모두 물에 빠지고 말았다. 《이솝우화》의 한 이야기이다.

부부싸움을 하다가도 한 사람이 양보하면 쉽게 해결된다. 한쪽에서 양보하면 상대방도 한 발 물러서서 자기의 잘못을 시인한다. 도로가 갑자기 좁아지는 병목 상황에서 운전자들이 서로 앞서 가려 할 때는 교통이 마비되지만 순서를 지켜 서로 양보하면 교통체증은 한결 나아진다. 양보가 양보를 낳기 때문이다.

양보가 미덕이라는 것쯤은 누구나 알지만 그것을 자기가 먼저 행동으로 옮기는 것은 말처럼 쉽지 않다. 양보를 하는 사람은 일반적으로 양보를 받는 사람보다 불리한 위치에 있다고 인식되는 경향이 있기 때문이다.

예컨대, 의자 수가 제한되어 있는 경우, 상사는 부하직원이 나타나도 자리를 양보하지 않는다. 그러나 의자에 앉아 있는 부하직원은 상사를 보면 곧바로 일어나 자리를 양보해야 한다.

부부싸움에서도 누군가 먼저 양보하면 쉽게 분위기가 풀어진다. 그러나 그것이 쉽지 않은 이유는 양보하는 것을 스스로가 열세임을 자인하는 것으로 인식하기 때문이다. 따라서 '너 죽고 나 죽는' 상황을 뻔히 예견하면서도 서로 양보하지 못하는 경우가 생긴다. 그것은 부부싸움에만 국한되는 것이 아니다.

사람들이 운전 중에 양보를 잘 하지 않으려고 하는 것도 마찬가지다. 누군가 양해를 구하지 않고 자기 차 앞으로 끼어들기를 하면 얼른 양보를 해주기보다 화를 내는 사람들이 많다. 그것은 사고가 날 뻔했다거나 목적지까지 가는 데 시간이 더 걸리기 때문만은 아니다. 그보다는 양보를 강요당한다고 생각해 상대적인 굴욕감을 겪기 때문이다. "아니, 저게 사람을 뭐로 보고……."라고 마음속으로 중얼거린다면, 그것이 바로 굴욕감 때문이라는 증거이다.

먹다 남은 빵으로
생명을 구하다

당신이 작성한 기안문을 들여다본 상사의 표정이 굳어지면서 그것을 당신에게 집어

던진다. 그리고 "도대체 이것도 기안이라고 해왔나? 당신 IQ가 몇이야?"라고 힐난한다.

이런 상황에서 사람들은 어떻게 반응할까? 대개는 인격적 모독으로 인해 수치심과 분노로 몸을 떨 것이다. 평범한 샐러리맨이라면 아마도 "죄송합니다. 다시 하겠습니다."라며 머리를 조아릴 것이다. 상대방은 상사이고 지금으로서는 어찌 해볼 수가 없을 테니까. 그러나 마음속으로는 십중팔구 이렇게 생각할 것이다. "두고 보자. 언젠가는 너도 당할 때가 있을 것이다." 받은 만큼 되돌려주고 싶은 게 사람의 마음이기 때문이다.

보덴J. M. Boden이라는 심리학자는 공격행동과 보복의 악순환을 확인하기 위해 다음과 같은 실험을 실시했다. 그는 실험 참가 학생들에게 에세이를 작성하게 한 다음 그것을 서로 바꿔 채점하도록 했다. 그리고 작성자의 몸에 해는 없지만 불쾌감을 주는 전기충격을 가하도록 지시했다. 에세이를 못 쓴 사람에게는 강한 전기충격을 가하고, 잘 썼다고 생각하면 약한 전기충격을 가하게 한 것이다.

누군가 먼저 전기충격을 받으면, 다음에는 교대해서 전기충격을 받은 사람이 상대방의 에세이를 평가하고 점수에 따라 상대방에게 전기충격을 가하게 했다. 실험 결과, 에세이 내용과 상관없이 자기가 받은 만큼 강한 전기충격을 되돌려주는 것으로 나타났다.

내게는 아직도 비인간적인 처벌을 목격한 기억이 생생히 남아 있다. 중학생 시절, 수업 중에 만화를 보면서 낄낄거리는 두 친구를 선생님이 불러냈다. 두 명을 마주 보게 세운 다음, 한 학생에게 상대방의 뺨을 치라고 했다. 머뭇거리는 그 학생을 선생님은 호되게 다그쳤다. 그 학생은 마지못해 친구의 뺨을 가볍게 때렸다. 이번에는 상대방 친구에게 뺨을 치라고 했다. 마찬가지로 살짝 때렸다. 그러자 선생님은 소리를 버럭 질렀다. "그렇게밖에 못 해? 더 세게!"

이렇게 서로 뺨을 치는 횟수가 거듭되면서 두 친구의 얼굴은 상기되었다. 마침내 정말 서로에게 화를 내고 있었다. 의도하지 않은 뺨때리기가 분노를 유발하고, 보복은 더 심한 분노를 낳은 것이다. 호의를 호의로 갚는 것뿐만 아니라 공격을 공격으로 보복하는 것도 상호성의 원리가 작용하기 때문이다.

상대방의 의지와는 상관없는 공격도 공격으로 갚으려는 인간의 심리는 상호성의 원리가 지닌 위력이 얼마나 가공할 만한 것인지 여실히 보여준다. 사회심리학자 로버트 치알디니Robert Cialdini는 상호성의 원리의 영향력이 얼마나 막강한지를 제시하기 위해 1차 세계대전 중에 있었던 한 독일군 병사에 관한 이야기를《설득의 심리학》이라는 책에서 소개하고 있다.

독일군 병사 한 명이 적군의 진지로 침투해서 적군 병사를 생포하는 특수임무를 수행하게 되었다. 그는 적진의 참호를 습격해서 홀로 보초를 서는 적군 병사를 생포하는 데 성공했다. 적군 병사는 식사를 하던 중에 습격을 받았기 때문에 무방비 상태였다. 적군 병사의 손에는 먹다 남은 한 조각의 빵이 남아있을 뿐이었다. 겁에 질린 적군 병사는 엉겁결에 먹다 남은 빵을 독일군 병사에게 불쑥 건네주었다. 예기치 못한 상대방의 선물에 직면한 독일군 병사 역시 엉겁결에 임무를 망각하고 포로를 풀어주었다. 그리고 부대로 복귀해 상관으로부터 호된 질책을 받았다.

모세는 사람이 다른 사람의 생명을 빼앗었을 때는 그 생명으로 갚게 하고, 눈을 상하게 했을 때는 눈으로 갚게 하며, 이를 다치게 했을 때는 이로 갚게 하는 법을 만들었다. 그러나 예수님은 이렇게 말했다. "너희들은 '눈에는 눈, 이에는 이'라고 한 말을 들었노라. 하지만 나는 너희들에게 말하노라. 만약 누가 너의 오른뺨을 치거든 왼뺨을 내놓아라."

만약 모든 세상 사람들이 '눈에는 눈, 이에는 이'라는 계율을 따른다면 이 세상에는 '눈 없는 장님'과 '이 없는 사람'으로 가득 찰 것이다. 우리라고 예외일 수는 없다. '눈에는 눈, 이에는 이'로 맞서지 않고 '오른뺨을 치거든 왼뺨을 내놓는 것'은 남들보다 우리 자신을 위해 더 필요하다.

사람들이 뭔가를 주고 받는 모습을 잘 살펴보면 두 가지 유형이 관찰된다. 어떤 사람은 주로 먼저 주고 나중에 받는다Give & Take. 또 어떤 사람은 받고 나서 나중에 준다Take & Give.

그렇다면 사람들은 누구를 더 좋아하며 누가 더 성공할 가능성이 클까? 얼핏 보면 '주고 받는 것'이나 '받고 주는 것'이나 그게 그것이다.

하지만 효과 면에서 보면, 그 둘은 완전히 다르다. 먼저 주면 결과적으로 손해를 볼 것이라고 생각하기가 쉽다. 하지만 결과는 그 반대인 경우가 더 많다. 먼저 베푸는 사람에게 베풀고 싶은 것이 인지상정이기 때문이다.

Give & Take 세 가지 유형

1. Give & Take: 성공한 사람들은 먼저 제공하고 나중에 받는다.

2. Take & Give: 평범한 사람들은 받고 나서야 나중에 제공한다.

3. Take & Take: 실패한 사람들은 받기만 하고 주지는 않는다.

거두려면 먼저 뿌려야 하고, 원한다면 먼저 주어야 한다. 미소를 원하면 먼저 미소를 지어야 한다. 돈을 벌고 싶다면 상대방에게 돈을 벌게 해주어야 한다. 더 많은 것을 원하면 상대방이 더 많은 것을 얻게 도와줘야 한다. 직원들로부터 협조를 끌어내고자 한다면 먼저 그들을 도와주어야 한다. 더 많은 보수를 원한다면 고용주가 더 많이 벌게 도와줘야 한다.

물론 이렇게 한다는 게 그리 쉽지만은 않다. 우리가 미소를 지어도 상대방이 여전히 찡그리고 있는 경우도 있기 때문이다. 그렇다고 포기하지 말자. 수확을 거두려면 먼저 씨를 뿌린 후 정성껏 가꾸고 시간을 두고 기다려야 한다.

어떤 사람이 누군가를 싫어한다면 왜 싫어하는지 물어보라. 십중팔구 이런 대답을 듣게 될 것이다. "그 사람이 나를 싫어하니까요." 사람은 자기를 싫어하는 사람을 싫어하고, 자기에게 무관심한 사람에게 관심을 두지 않는다. 이 말을 뒤집으면? 사람은 자기를 좋아하는 사람을 좋아한다는 것이다.

달라이 라마는 이렇게 말했다. "그대의 과거를 알고 싶은가? 그렇다면 현재의 처지를 잘 살펴보라. 그대의 미래를 알고 싶은가? 그렇다면 현재 하고 있는 그대의 행동을 관찰하라."

사람들이 우리를 좋아하지 않는다면 그건 지금까지 우리가 그들을 진심으로 좋아하지 않았다는 이야기다. 사람들이 우리를 좋아하고 대접해주기를 원한다면 우리가 먼저 그들을 좋아하고 대접해야 한다. 신에게는 감사할 필요가 있지만, 인간에게는 항상 먼저 베풀 필요가 있다. 그대는 주로 받기 전에 주려고 하는 사람인가? 받고 난 다음에야 주려고 하는 사람인가?

Do It Now!

❶ 먼저 제공하지 않고 요청만 했기 때문에 결과적으로 원하는 것을 얻지 못한 일 한 가지를 찾아보자.

❷ 그 일을 통해 깨달은 점은 무엇이며 내가 먼저 제공했어야 할 일은 무엇인가?

❸ 상호성의 원리를 다시 한 번 새겨보자. 그러고는 자신이 먼저 뭔가를 제공해 상대방이 기꺼이 도와주고 싶도록 만들 수 있는 작은 일 한 가지를 실천해보자.

고맙다는 인사라도 해야지!

백은(白隱)선사(1685~1768년)께서 어느 추운 겨울 날, 산사에서 법문을 하고 돌아오는 길에 추위에 떨고 있는 문둥병 환자 한 명을 만났다. 선사는 불쌍해서 자신이 입고 있던 누더기를 벗어서 그에게 입혀주었다. 그러나 그 사람은 이렇다 저렇다 하는 말 한 마디가 없었다. 그래서 선사는 그에게 말했다. "이 사람아! 도움을 받았으면 고맙다는 인사를 하거나 하다못해 무슨 표정이라도 지을 일이지 어찌 그러한가?" 그러자 그는 선사를 빤히 바라보면서 "여보시오 대사! 내가 옷을 입어주었으니, '문둥이님! 보시를 받아주셔서 고맙습니다'라고 말하든지 아니면 고맙다는 표정이라도 좀 지어야 하지 않겠소." 하며 도리어 선사를 야단치는 것이었다. 이 순간 선사는 그에게 엎드려 큰절을 올리면서 "소승, 수행이 모자라 성현을 몰라 뵈었습니다. 거룩한 깨우침에 감사드립니다." 하며 고개를 들고 일어나 보니, 문둥이는 온데간데없고 아름다운 연꽃 한 송이가 그 자리에 피어 있었다. 그제야 백은선사는 그 문둥이가 바로 문수보살이라는 사실을 알고, 다시 한 번 무주상보시(無住相布施: 보답을 바라지 않고 하는 보시)에 대한 뜻을 깨달았다고 한다.

무엇이든
남에게
대접을 받고자
하는대로
너희도 남을
대접하라
왜? 너만
손해인거
같애?

3장

행복과 성공을
부르는
적극적 시도

행복도 하나의 선택이며, 그 가운데 가장 잘 알려지고

가장 오래된 방법은 미소를 짓는 것이다.

11

불행이란 잘못 보낸 시간의 보복이다

빼기에 의한 더하기 원리Plus by Minus Principle

부지런한 것만으로는 충분하지 않다. 개미 역시 부지런하다. 당신은 무엇 때문에 부지런한가? _제임스 서버James Grover Thurber

시간은 돈, 음식 또는 다른 귀중한 자원처럼 축적할 수 있는 것이 아니다. 게다가 재생할 수도 없는 자원이다. 누구도 시계를 거꾸로 되돌아가게 할 수 없으며 시간을 늘릴 수도 없다. 부자든 빈자든 모든 사람에게 하루는 24시간으로 공정하게 분배된다. 이 세상에 시간만큼 공정한 분배된 자원은 없다.

그런데 왜 하루 24시간 똑같은 시간을 살면서 어떤 사람은 실패한 삶을, 어떤 사람은 성공한 삶을 살게 되는 것일까? 가장 중요한 이유는 사람들이 시간을 각기 다른 방식으로 사용하기 때문이다.

당신이 어떤 사람인지 판단할 수 있는 가장 간단하고도 쉬운 방법이 있다. 당신이 주로 어떤 일로 시간을 보내는지를 관찰하는 것이다.

어떤 사람이 하루의 대부분을 나쁜 일을 생각하면서 보낸다면 그는 나쁜 사람이고, 좋은 일을 생각하면서 지낸다면 그는 좋은 사람이다. 부정적인 생각을 하는 데 많은 시간을 쓰는 사람은 불행한 사람이고, 긍정적인 생각을 하는 데 시간을 더 많이 쓰는 사람은 행복한 사람이다.

긴급한 일에
휘둘리지 마라

시간은 한정된 벽돌과 같다. 어떤 일에 다 써버리면 다른 일에는 쓸 수가 없다. 하루 24시간으로 한정된 시간을 더 많이 만들어낼 수 있는 방법이 있다. 그것은 중요하지 않은 일에 쓰고 있는 시간을 빼내 중요한 일에 투자하는 것인데 이를 '빼기에 의한 더하기 원리Plus by Minus Principle'라고 한다.

정말로 인생을 낭비하고 싶지 않다면 지금부터라도 지금까지와는 다르게 살아야 한다. 무엇을 새로 시작하기에 너무 늦어

버린 경우는 없다. 결심을 늦추는 그 순간도 시간은 흐른다.

중요하지 않지만 긴급한 일들은 대개 당장 즐거움을 주는 일들이고 긴급하지 않지만 중요한 일들은 대개 당장 즐겁지 않은 일들이다. 성공한 사람들은 실패한 사람들이 하기 싫어하는 일을 한다. 그들도 그런 일을 하기 싫기는 마찬가지다.

하지만 꿈을 이루고자 하는 마음이 크기 때문에 남들이 하기 싫어하는 일을 한다. 대부분의 사람들은 현재의 관점으로 즐거움을 주는 사소한 일에 매달리며 소중한 시간을 낭비한다. 하지만 성공적이고 행복한 삶을 사는 사람들은 다르다. 그들은 장기적인 관점에서 생각하기 때문에 당장의 욕구충족을 지연시키고 고통을 감수하면서 더 큰 보상을 추구한다.

중요하지 않지만 긴급한 일	긴급하지 않지만 중요한 일
놀고 즐기기, 문자, 전화, 웹서핑, 수다, 험담, 모임참석……	규칙적인 운동과 휴식, 공감연습, 노후대책, 자기관리, 감사하기……

인생이란 당장의 욕구충족을 선택하고 훗날 고통을 감수할 것인지 아니면 장기적으로 더 큰 보상을 위해 지금 당장의 불

편함과 고통을 감수할 것인지를 선택해야 하는 일종의 거래의 연속이다. 모든 사람들에게 공정하게 똑같이 분배된 하루 24시간도 자신에게 가장 중요한 일에 쓰지 못한다면 그 시간은 이미 당신의 소유가 아니다.

재테크를 위해 종잣돈을 모으고, CEO가 되기 위해 자기계발에 시간을 투자하겠다고 결심해놓고 실천에 옮기지 못하고 지지부진한 사람들이 많다. 중요한 일을 뒤로 미루게 하는 유혹들에 휘둘리기 때문이다.

돈이란 들어오는 만큼 쓸 일이 생기고 시간 역시 남는 만큼 하고 싶은 일이 만들어지기 마련이다. 돈과 시간에는 한 가지 공통점이 있다. 미리 빼두지 않으면 중요한 데 쓸 수가 없다는 것이다.

쓰고 남으면 저축을 하겠다거나 시간이 있어야 중요한 일을 하겠다고 생각하는 사람들은 꿈을 이룰 수 없다. 저축을 하고 싶다면 봉급 중 일정액을 적금통장으로 미리 빠져나가도록 자동이체를 신청해둬야 한다. 공부를 하고 싶다면 유혹에 휘둘리지 않도록 퇴근 직후 수강해야 하는 학원에 등록부터 해야 한다. 이렇게 중요한 일과 긴급한 일을 분리해서 살아야 언젠가는 당신도 꿈을 이룰 수 있다.

　　　　　　　　　　　　　　"평생 회사밖에 모르고
살아왔는데 회사가 어떻게 내게 이럴 수 있단 말인가? 이제 이
나이에 무엇을 새로 시작할 수 있단 말인가?" 예고 없는 해고
통고서를 받게 되면 누구나 이런 절망감을 느낄 것이다. 그리고
회사가 원망스럽고 아울러 마음속에서 분노가 치솟을 것이다.
어쩌면 당연한 일인지도 모른다.

　그러나 뭔가 바라는 대로 일이 풀리지 않는다면 그 고통의
원인이 어디에 있는지를 스스로에게 물어야 한다. 고통을 겪고
있는 많은 사람들은 흔히 고통의 원인을 외부에서 찾는다.

　그렇지만 해고통지서를 받은 사람들 모두가 그 회사에 입사
하기를 스스로 선택했으며, 회사에서 퇴출당할 것에 대비하지
않았고, 회사에 자신의 인생을 맡기는 삶을 선택했다는 사실을
부정할 수는 없을 것이다. 자기 탓이 전혀 없이 퇴출을 당한 경
우조차도, 그 상황에서 분노하고 포기할 것인지 아니면 더 나은
대안을 찾아 다시 도전할 것인지는 전적으로 당사자의 선택에
달려 있다.

　당신이 현재 느끼고 있는 것이 행복이든 불행이든, 많은 경우
그것은 과거의 산물이다. 그것을 알고 있기 때문에 많은 사람들

은 과거를 후회한다.

여론조사기관인 리서치앤리서치에서 성인남녀들을 대상으로 '중고등학교 시절로 돌아간다면 무엇을 하고 싶은가'를 조사한 결과를 보고한 적이 있다. 조사 대상의 66.9%가 '공부를 더 하고 싶다'고 답했다.

만약 과거의 행적을 바꿀 수만 있다면 우리는 행복하고 근사한 삶을 살아갈 수 있을 것이다. 그러나 유감스럽게도 엎질러진 물을 주워 담을 수 없는 것과 마찬가지로 어느 누구도 과거로 되돌아가 그것을 바꿀 수는 없다. 멋진 미래는 지금 만들어야 한다. 왜냐하면 바로 지금이 머지않은 미래에는 과거가 되기 때문이다.

미래의 관점에서 현재를 선택하라

99%의 평범한 사람들은 현재의 관점으로 살아가며 당장의 욕구충족에 집중한다. 그러나 1%의 성공한 사람들은 다르다. 그들은 미래의 관점에서 이따금 하던 일을 멈추고 10년, 20년, 50년 후의 미래로 미리 가본다. 그리고 역으로 거슬러올라와 그 미래를 위해 지금 무엇

을 해야 할지를 결정한다.

행복과 성공의 열쇠가 무엇인지를 밝히기 위해 50년 이상 연구했던 하버드 대학의 에드워드 밴필드Edward Banfield 박사는 '장기적인 안목Longtime Perspective'이 행복과 성공을 결정하는 가장 확실한 요인이라고 결론을 내렸다. 장기적인 안목이란 미래의 관점에서 지금 당장 해야 할 중요한 일이 무엇인지를 결정하는 능력이다.

행복하고 성공적인 삶을 살고 싶다면 미래의 관점에서 과거와 현재를 조망할 수 있어야 한다.

당신은 얼마나 오래 살 것으로 기대하는가? 우리가 지금 행하는 행동은 우리가 앞으로 얼마나 더 살 수 있다고 생각하는지와 관계가 있는데, 그것은 남은 시간이 얼마인지에 따라 시간을 사용하는 방식과 챙기는 정도가 달라지기 때문이다. 하지만 언제까지 살 수 있는지를 알 수 있는 사람은 없다.

그러나 통계치들은 우리에게 얼마나 오래 살 수 있는지를 대충이나마 짐작할 수 있게 해준다. 2010년 통계청 자료에 따르면, 한국 여성의 평균 수명은 84.1세, 남성들은 77.2세로 밝혀졌다.

미래의 관점에서 현재를 바라보기 위해 한 가지 실험을 해보자. 우선 종이 위에 직선을 하나 그어보라. 그리고 왼쪽 시작점은 0으로 표기한 후 오른쪽 끝부분은 남자의 경우 77세, 여자의 경우 84세로 표기하라. 만약 평균 이상의 수명을 기입하고 싶다면 그렇게 해도 무방하다.

생명선을 그었으면 이번에는 당신이 현재 직선의 어느 위치에 있는지를 표시하라. 만약 30세의 여자라면 54년을 더 살 수 있을 것이다. 당신이 진정으로 원하는 삶의 목표를 직선 아래에 기입하라. 그리고 지난 30년을 되돌아보면서 어떻게 시간을 보냈는지를 검토하라.

지난 30년은 긴 세월이다. 그러나 남은 54년은 더 긴 세월이다. 행복한 삶을 살기 위해 이루고 싶은 꿈이나 인간관계의 목표가 있는가? 없다면 지금 당장 만들어라. 그리고 그것을 달성하기 위해 이제 어떻게 살 것인지 답을 찾아보라. 그리고 당장 해야 할 작은 일 한 가지를 찾아보라. 오늘도 내일도 하루 한 가지씩이라도 실천한다면 조만간 지금과는 완전히 다른 삶을 살고 있는 자신을 발견하게 될 것이다.

그러기 위해서는 지금까지 어떻게 시간을 보냈는지 검토해보고 미래의 관점에서 현재를 계획해야 한다.

　　　　　　　시간을 효과적으로 관리하지 못하는 사람들이 갖고 있는 몇 가지 공통점이 있다.

첫째, 그들은 중요한 일보다는 사소한 일에 매달린다. 시간을 비효율적으로 쓰는 사람들은 정작 중요한 일을 미뤄두고, 자질구레한 다른 일들에 시간을 낭비하는 경향이 있다. 이는 사소한 것이라도 뭔가 하는 것이 보다 중요한 과제를 일시적으로 회피하게 해주며 자책감도 줄여주기 때문이다.

둘째, 불필요한 부탁에도 "아니요."라고 거절하지 못한다. 시간을 낭비하는 사람들은 불필요한 요구에도 단호하게 "아니요."라고 말하지 못하는 예스맨인 경우가 많다. 싫은 사람에게 원치도 않은 일로 시간을 내주고는 일주일 내내 투덜거리는 일은 사전에 예방해야 한다.

셋째, 남에게 일을 맡기지 못하고 '약방의 감초'처럼 남의 일까지 이것저것 관여하는 사람들이 많다. 매사에 끼어들다 보면 정작 자기에게 중요한 일은 소홀하기 마련이다. 그러니 웬만하면 남의 일에 끼어들지 말고 자신의 일에 충실하자.

넷째, 불필요한 물건을 버리지 못하는 사람들도 의외로 많다. 이처럼 물건을 버리지 못하는 사람들은 쓸데없는 잡동사니들,

170

우편물, 영수증들 속에 파묻혀 있는 쓸모 있는 물건들을 찾기 위해 쓸데없이 시간을 낭비한다.

다섯째, 준비과정에서 지나치게 완벽을 기한다. 완벽하게 준비해야 한다고 생각하는 사람들은 준비과정에서 너무 진을 빼기 때문에 정말 중요한 실행단계에서는 의욕을 상실해 포기하고 만다.

시간이 부족한 가장 큰 이유는 중요하지 않은 일에 시간을 낭비하는 것이고, 시간을 늘리는 최선의 방법은 중요하지 않은 일에 허비하고 있는 시간을 줄이는 것이다.

효과적인 시간관리는
우선순위를 정하는 것

많은 일을 하는 것과 요령 있게 일하는 것은 다르며, 바쁘게 산다고 해서 반드시 생산성이 높은 것도 아니다. 바쁘지 않게 일하면서도 생산성을 높이는 사람이 있는가 하면, 항상 분주하지만 도대체 되는 일이 없는 사람도 있다. 시간을 낭비하지 않고 효율적으로 쓴다는 것은 자나 깨나 일만 해야 한다거나 휴식하는 데 시간을 쓰지 말라는 말이 결코 아니다. 풍요로운 삶을 살아가는 사람은 확실히 시간을 쓰는 방식이 다르다.

시간을 잘 운영하는 첫 단계는 당신의 시간 사용 내역을 구체적으로 확인하는 것이다. 최근 며칠 동안의 활동들을 모두 적고 각각의 활동에 투자한 시간을 기록하라.

우리에게 주어진 시간과 에너지는 한정되어 있다. 중요하지 않은 일에 시간을 허비하면 정말 중요한 일에 투자할 시간은 당연히 모자란다. 일단 중요한 일부터 착수하고 그 일에 싫증이 나거나 틈이 날 때 사소한 일을 처리하라.

시간관리의 핵심은 우선순위에 따라 신속하게 결정하고 실행하는 것이다. 그리고 선택하지 않은 일은 과감하게 포기하라. 물론 중대한 결정은 심사숙고해야 한다. 하지만 사소한 것조차 해야 할지 말아야 할지, 어떻게 할지 결정을 못해 시간을 낭비하지는 마라.

답문자나 우편물을 발송하는 것이든, 숙제를 하는 것이든, 언젠가 해야 할 일이라면 가능한 한 즉시 처리하라. 곧바로 하지 않고 미뤄두면 그 일을 잊어버리지 않기 위해 자주 확인하고 기억해야 한다. 이는 불필요한 시간과 에너지를 낭비하는 꼴이 된다.

완료된 일은 계획표에서 하나씩 X표를 해서 지워라. 일할 때도 놀 것을 생각하고, 놀면서도 일을 걱정하는 사람은 놀지도 못하고 일도 못한다. 할 일의 목록을 만들고 하나씩 처리하라.

자투리 시간을 효과적으로 활용하는 지혜도 필요하다. 진료를 기다리는 시간 혹은 버스나 전철에서 생기는 그 많은 '유휴시간'을 그냥 흘려보내지 마라. 자투리 시간에 볼 수 있는 책, 듣고 싶은 강연파일, 생각할 수 있는 주제를 가지고 다녀라.

마지막으로 조금 미리 시작하라. 러시아워를 피해 남보다 10분 먼저 집 대문을 나서면 출근시간을 30분은 단축시킬 수 있으며, 하루로 따지면 3시간 이상의 효율성을 높일 수 있다. 게으른 자는 석양에 바쁘고, 일찍 일어나는 새는 벌레를 잡는다.

행복한 삶을 위한 시간관리

1. 하고 있는 일 중 긴급하지만 중요하지 않은 일들을 찾아낸다.
2. 그 대신 장기적인 관점에서 행복한 삶을 위해 더 중요한 일을 찾아 본다.
3. 그 중요한 일 한 가지와 관련된 작은 일 하나를 당장 실천한다.

어제는 이미 지나간 기억 속의 환상에 불과하며, 내일은 아무도 알 수 없는 미스터리다. 우리에게 주어진 것은 오늘이라는 현재뿐이며, 그래서 현재present라는 단어는 선물present이라는 의미를 갖고 있다. 운동할 시간이 없다고 생각하는 사람들은 조만간 앓아누울 시간을 많이 갖게 될 것이고, 가치 없는 일에 시간을 낭비하는 사람들은 조만간 무가치한 삶을 살게 될 것이다. 잘못된 선택 때문에 치르게 되는 응분의 대가이다.

워털루전투에서 패배한 후 세인트헬레나 섬에 유배된 나폴레옹은 1821년 5월 최후를 맞이하면서 이렇게 한 맺힌 말을 토해냈다. "오늘 나의 불행은 언젠가 내가 잘못 보낸 시간의 보복이다." 지금 그대는 행복한 삶을 살기 위해 얼마나 많은 시간을 투자하고 있는가?

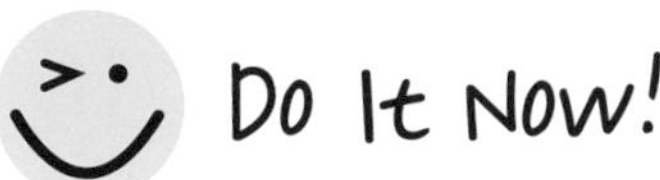

❶ 즉각적인 욕구충족 때문에 시간을 낭비하고 있는 일, 즉 중요하지 않는 일
들을 적어보자.

❷ 위에 적은 일들 중에서 당장 중단해야 할 일 한 가지만 찾아본다면 그것은
무엇이고 그 이유는 무엇인가?

❸ 오늘부터 더 많은 시간을 투자해야 할 중요한 일 한 가지만 골라 적어보고
그 일과 관련된 작은 일 한 가지를 당장 실천하자.

과자 한 개 참았을 뿐인데……

스탠퍼드 대학의 미셸W. Mischel 박사는 네 살짜리 아이들에게 과자 한 개씩을 주면서 이렇게 말했다. "내가 잠깐(15분) 나갔다 올 동안 이걸 먹지 않고 기다리면 하나를 더 줄 것이다. 그러나 기다리지 못하고 먹어버리면 한 개밖에 못 먹는다." 그러고는 아이들을 관찰했다. 일부 아이들은 참아냈다. 하지만 대부분의 아이들은 실험자가 방을 나가기가 무섭게 과자 맛을 즐겼다. 이들이 보여준 차이는 상상 외로 컸다. 네 살 때에 인내심을 발휘했던 아이들은 그렇지 않은 아이들에 비해 학교 성적도 좋았고, 대입 학력 적성 시험인 SAT 점수도 무려 210점이나 더 높았다. 뿐만 아니라 인간관계도 좋고 힘든 일도 포기하지 않고 도전했다. 이 실험의 교훈은 이것이다. "즉각적 보상과 유혹을 이겨내면 눈부신 내일이 기다린다."

오크통에서
5년이상숙성된
고급 와인만이
리제르바(Reserva)
표기를할수있고
전통된장역시
2-3년숙성이 기본!
심지어
숭늉도 우물가에서
찾을수 없는데
사람이야
오죽하리…

12

미소를 지으면 좋은 일이 일어난다

안면피드백 이론 Facial Feedback Theory

우리는 행복하기 때문에 웃는 것이 아니고 웃기 때문에 행복하다.
_윌리엄 제임스 William James

"어떤 동료가 좋으세요?" 모 백화점 남녀직원들을 대상으로 조사한 설문내용이다. 조사 결과, 남자직원들이 좋아하는 여자직원은 '밝은 미소를 지닌 사람'이 1위를 차지했다. 여자직원들을 대상으로 조사한 결과 역시 '재치와 유머가 있는 남자'가 상위순위에 선정됐다.

인간과 가장 가까운 친척인 침팬지도 인간처럼 웃거나 미소를 짓지는 못한다. 물론 침팬지는 표정을 관장하는 근육이 발달해 다른 포유류보다 훨씬 다양한 감정 표현 능력을 갖고 있다. 눈살을 찌푸려 불쾌한 감정을 나타내거나 눈을 말똥말똥 떠서

178

호기심을 드러내고, 무서운 얼굴 표정으로 이빨을 드러내며 분노를 표현할 수도 있다. 그렇지만 침팬지는 결코 인간처럼 웃거나 미소를 짓지는 못한다.

인간은 성숙할 때까지의 성장기간이 지구상에서 가장 긴 동물이다. 다른 동물에 비해 열세인 체력을 보상하기 위해서 인간은 우수한 두뇌를 발달시킬 필요가 있었으며, 그만큼 장기간의 성장기간이 요구되었다. 부모의 보호를 지속적으로 받기 위해서는 성장기간이 짧은 다른 동물들에 비해 부모와의 유대관계를 확고히 할 필요가 있었으며, 이를 위해 진화된 기능 중의 하나가 바로 미소와 웃음이다.

표정을 바꾸면
감정이 달라진다

인간의 경우는 신체의 어느 부위보다도 손과 얼굴을 관장하는 대뇌 체감각피질이 넓다. 이 부위의 기능이 정교하게 발달되어 있다는 말이다. 그러나 돼지의 경우는 코, 박쥐의 경우는 귀를 관장하는 체감각피질의 크기가 매우 크다. 즉 돼지는 코가 발달되었고, 박쥐는 귀가 발달되었다는 것이다.

인간은 다른 어떤 동물보다도 손놀림이 정교하며 언어를 구사할 줄 아는 능력을 지니고 있다. 그래서 인간은 다른 동물들은 도저히 흉내낼 수 없을 정도로 입 모양과 표정을 다양하게 조작해서 매우 복잡한 감정표현을 할 수 있다. 인간과 동물이 다른 가장 큰 차이라고 할 수 있다. 표정을 밝게 가지면 기분이 좋아지는 것은 물론 과거를 회상할 때도 기분 좋은 일들을 더 많이 떠올린다. 이를 증명하는 실험이 있었다.

심리학자 제임스 레어드James D. Laird는 대학생들에게 재미있는 내용의 글과 분노를 유발시키는 신문기사를 읽게 했다. 시간이 지난 후 학생들에게 웃는 표정과 찡그린 표정을 짓게 해서 전에 읽었던 내용들을 가능한 많이 회상해보도록 했다. 예상대로 미소를 지을 때는 재미있는 내용을, 찡그린 표정을 지었을 때는 분노를 유발하는 기사 내용을 훨씬 더 많이 기억해냈다.

감정과 표정 간의 관계는 일방적인 관계가 아니다. 기분이 달라지면 얼굴 표정이 변하고 그와 반대로 얼굴 표정이 달라지면 감정이 달라진다. 대뇌의 감정중추는 표정을 관장하는 운동중추와 인접해 있으면서 서로 영향을 주고받기 때문이다.

따라서 우리가 인상을 잔뜩 찌푸리고 있으면 세상 만사가 모두 못마땅해 보이지만 반쯤 미소를 짓고 주변을 둘러보면 떠오르는 생각이 달라지고 느껴지는 감정도 달라진다. 이처럼 얼굴 표정에 따라 감정 상태가 달라진다는 심리학 이론을 '안면피드백 이론Facial Feedback Theory'이라고 한다.

웃음은 우호적인 관계를 만들어준다

웃음은 아이들이 부모와의 유대감을 유지하기 위해서만 필요한 것이 아니다. 웃음은 성인들 간에도 친밀감 형성과 유지에 필수적인 요소다. 따라서 미소는 우호적인 관계를 형성하는 데 가장 중요한 수단이 된다.

그래서 미소를 짓고 인사를 하는 것은 상대방에게 '나는 당신에게 적대적인 감정이 없으며 당신과 우호적인 관계를 유지하고 싶습니다'라는 신호로 전달된다. 인간관계나 비즈니스에서 미소의 위력은 아무리 강조해도 지나치지 않다. 누구나 경험할 수 있는 몇 가지 상황들을 통해 이를 확인해보자.

차를 몰고 사잇길에서 복잡한 본선도로로 진입하고자 '끼어들기'를 시도할 때 한번 실험해봐라. 깜빡이를 넣고 무표정 아니면 무뚝뚝한 표정을 하고 차머리를 들이밀어보는 것이다. 또 이와는 다르게 본선에서 진행중인 차량 운전자와 눈을 맞추고 미소를 지으면서 정중하게 고개를 숙이거나 손을 들어 양보를 청해보라. 어떤 경우에 더 쉽게 양보를 받을 수 있을까? 당연히 후자다.

당신이 차를 운전하고 가는데 느닷없이 어떤 차가 앞으로 끼어들었다. 순간 브레이크를 밟아 사고는 면했지만 그 순간 당신의 표정은 일그러질 것이다. 욕설이 목구멍까지 치밀어 올라 당신 역시 차선을 바꿔 그 차를 추월할지도 모른다.

그러나 그때 상대방 운전자가 손을 들어 미안함을 표시하면서 미소를 짓는다면, 당신의 표정은 곧바로 누그러져 있을 것이다. "웃는 낯에 침 못 뱉는다."는 속담처럼 웃는 사람에게 화를 내기는 어렵기 때문이다. 웃음은 상대방에게 적대 감정이 없으며 호감을 갖고 있다는 메시지를 전달해주는 가장 확실한 신호다.

"유머야말로 현대 정신 건강의 가장 위대한 발명이다." 1990년 노벨문학상을 수상한 멕시코 시인, 옥타비오 파스Octavio Paz의 말이다. 웃음은 다른 사람의 적대감을 약화시킬 뿐만 아니라 웃는 사람 자신의 분노감과 긴장감도 줄여준다. 분노감과 적대감을 유머러스하게 표현할 수 있는 사람은 냉담하고 유머 감각이 없는 사람보다 불안감이나 공격성을 적게 드러낸다.

정신분석학자 프로이트Sigmund Freud는 웃음과 유머가 억압된 적대감을 해롭지 않은 방식으로 정화catharsis시키기 때문에 심리적 긴장을 완화시키는 기능을 갖고 있다고 주장했다. 또한 프로이트는 유머야말로 인간이 가지고 있는 가장 우아한 방어기제 중 하나라고 주장했다.

누구나 심란하고 침울한 기분이 들 때가 있다. 그때 함께 있던 친구 중 하나가 유쾌한 농담을 걸어오면 처음에는 시큰둥하다가도 점차 주변 사람들을 따라 웃게 되고, 그러다 보면 어느새 기분이 풀린다. 웃음은 심리적인 긴장뿐만 아니라 신체적인 긴장도 이완시킨다. 배꼽을 잡고 웃다 보면 온몸의 긴장이 풀린다.

183

유머와 건강의 관계를 장기간 연구해왔던 윌리엄 프라이 William Fry 박사는 사람들이 웃을 때 혈액순환이 증가되며 상체의 근육활동을 증진시키고 호흡수를 늘려 산소공급이 증가된다는 사실을 확인했다.

그의 연구 결과에 의하면, 10분 동안 배꼽을 잡을 정도로 웃는 것은 10분간 노를 젓는 것과 같은 효과가 있다고 한다. 그래서 웃고 난 다음에는 적당히 운동을 하고 나서 느끼는 것과 같은 편안함이 느껴진다. 웃음과 유머는 대인관계를 원만하게 하고 긴장감을 완화시킬 뿐만 아니라 창의성도 증진시킨다. 유머란 고정관념에서 벗어나 사물과 세상을 새로운 각도로 볼 수 있을 때 발생하기 때문이다.

그래서 창의적인 사람들 중에는 유머 감각이 뛰어난 사람들이 많다. 그것은 유머와 창의성이 깊이 연관되어 있기 때문이다. 유머는 서로 어울리지 않거나 모순되는 두 가지 이상의 이미지나 아이디어 혹은 사건을 다른 사람들이 예상하지 못한 방식으로 연결시킬 수 있을 때 발생한다.

이처럼 상식적으로 생각할 때 모순되거나 무관한 것처럼 보이는 것들이 절묘하게 연결될 때 웃음이 발생한다는 이론을 유머의 '모순성 이론Incongruity Theory'이라고 한다. 유머와 마찬가지로 창의성 역시 보통 사람들이 생각하지 못하는 사물이나 아이디어들의 연결고리를 찾아내는 것이다. 따라서 웃는 일을 많이 만들어내는 사람들은 그만큼 창의성도 높다고 할 수 있다.

유머 감각의 중요성을 알면서도 '내가 무슨 수로 사람들을 웃겨'라고 생각하는 사람들이 많다. 유머 감각이 부족하다고 너무 실망할 필요는 없다. 웃기지 못하면 웃는 쪽을 선택하면 된다. 사람들은 유머가 있는 사람보다 자기를 보고 잘 웃어주는 사람을 더 좋아한다. 특히 남자들은 웃기는 여자보다 잘 웃는 여자를 훨씬 더 좋아한다. 남자들의 입장에서 보면 유머 감각이 있는 여자란 남자의 말에 잘 웃어주는 여자를 말한다. 사람들은 왜 잘 웃는 사람들을 좋아할까? 누군가 자기를 보고 웃는다는 것은 그 사람이 자기를 좋아한다는 것을 의미하고, 사람들은 자기를 좋아하는 사람을 좋아하기 때문이다. 게다가 웃는 사람과 함께 있으면 덩달아 기분이 좋아지기 때문이다.

웃음은 갈등을
쉽게 해결해준다

우리는 기분이 좋을 때 웃는다. 그러나 즐겁지 않을 때도 사람들은 웃는다. 어색하거나 쑥스러울 때도 뒤통수를 긁적거리면서 계면쩍게 웃는다. 결코

185

즐거운 상황이 아닌데도 웃는 이유가 있다. 매우 독특한 웃음 중의 하나가 수줍을 때의 웃음이다. 어떤 여자는 마음에 드는 남자와 눈이 마주치게 되면 눈을 내리깔거나 눈길을 살짝 돌리면서 수줍게 미소를 짓는다.

눈길을 피하면서 미소를 짓는 이유는 무엇일까? 처음 만났을 때는 상대방이 아무리 마음에 들더라도 드러내놓고 의중을 표현하지는 못한다. 상대방의 속마음을 알 수도 없으려니와 자신의 속내를 드러내는 것도 원치 않기 때문이다. 그렇다고 시선을 전적으로 외면하기도 어렵다. 보지 않는 것은 곧 무시無視하는 것이기 때문이다. 표현할 수도 없고 그렇다고 무시할 수도 없는 이 상황에서 경험되는 것이 '접근회피 갈등Approach - avoidance Conflict'이다.

갈등상황에서는 긴장되기 때문에 얼굴도 빨개지고 목소리도 떨린다. 이 상황을 가장 효과적으로 처리해주는 수단이 있다. 그것은 바로 수줍게 웃는 것이다.

내가 버스 정류장에서 목격했던 일이다. 갓 대학에 들어간 새내기 정도로 앳되어 보이는 남학생 하나가 막 출발하려는 버스를 타려고 뛰어갔다. 무심한 운전사는 그 학생을 보았는지 못 보았는지 그냥 출발했다. 뒤돌아서는 그 남학생은 순간 어색한 웃음을 지었다. 그런데 그는 그 상황에서 왜 웃었을까?

186

타려던 버스를 놓치면 아쉬움과 원망스러움과 함께 약간은 화가 날 것이다. 그렇다고 겉으로 드러낼 수도 없다. 솟아오르는 아쉬움과 분노감과 그것에 대한 억제 간의 갈등상태가 발생했을 것이다. 이를 효과적으로 처리할 수 있는 것이 바로 웃음이다. 창피하거나 어색한 순간을 가장 자연스럽게 넘길 수 있게 도와준다는 점이 웃음의 또 다른 매력이다.

잘 웃는 사람은 병도 덜 걸린다

"즐거운 심장은 만병통치약이다."라는 고대 성서의 격언이 있다. 최근의 과학적인 연구 결과들은 이 말이 그저 그럴듯한 교훈에 그치는 것이 아님을 실험으로 증명했다.

최근 일본의대 제1병원 연구팀은 관절 류머티즘 환자 26명을 대상으로 '웃음과 체내물질 변화의 함수관계'에 관한 실험을 실시해 연구 결과를 보고했다. 일본의 저명한 만담가를 초청해 공연 전후로 환자들의 혈액을 채취해 성분 변화를 분석한 결과, 관절염을 유발하는 물질(인테로이겐 - 6)의 수치가 공연 후 3분의 1정도로 줄어든 것을 확인했다.

웃음이 질병의 치유에 얼마나 막강한 영향력을 발휘하는 지에 대한 책 《웃음의 치유력》의 저자인 노먼 커즌스Norman Cousins는 원래 잡지사 편집장이었다. 1964년 그의 나이 50세 때 그는 강직성 척수염이라는 일종의 관절염에 걸려 의사로부터 회복 불능이라는 진단을 받았다. 그는 의사의 진단에도 불구하고 부정적 사고가 건강에 얼마나 해로운지에 대한 심리학 책을 읽고 나서 즐거운 감정이 자기의 병을 치료할 수 있을 것이라고 생각했다.

그는 주치의에게 부탁해서 익살스럽기로 유명한 '몰래카메라' 같은 코미디 프로그램을 병실에서 보고 배꼽을 잡고 웃기 시작했다. 진통제와 수면제 없이는 잠을 잘 수 없었던 그가 10분 정도 배꼽을 잡고 웃은 다음에는 두 시간 정도 편안한 잠을 잘 수 있었다. 그리고 일주일이 지난 다음에는 엄지손가락을 통증 없이 사용할 수 있게 되었다. 그렇게 웃기를 몇 년 동안 한 결과, 그는 테니스와 골프뿐만 아니라 승마까지 자연스레 즐길 수 있게 되었다. 관절염이 완치된 1968년, 그는 자신의 절절한 체험을 근거로 《웃음의 치유력》이라는 책을 출간했고, 그 책은 미국에서 40주 동안이나 베스트셀러 자리를 지켰다.

커즌스는 75세까지 건강하게 살았으며 여러 병원에 폭소 치료팀을 두게 했다. 웃음과 질병 간의 연구 업적을 인정받아 말

년에는 UCLA 의과대학 교수로 초빙되었다. 그는 일반인과 학생들을 대상으로 웃음이 건강에 미치는 영향에 대해 강의했으며, 유머학 분야의 가장 우수한 학자 중 한 사람으로 기록되고 있다.

웃음은 또한 면역체계도 강화시킨다. 로마린다 대학의 리 버크Lee Berk 교수는 웃음이 인체의 면역체계에 미치는 영향을 다년간 연구한 이 분야의 전문가이다. 그는 성인들에게 아주 재미있는 한 시간 분량의 비디오를 보여준 다음 이들의 혈액을 채취해서 분석했다. 분석 결과, 비디오를 보기 전에 비해 감마 인터페론이 200배 이상 증가한 사실을 확인했다. 이것은 해로운 바이러스를 공격하고 세포의 성장을 촉진시키는 호르몬이다.

그는 여러 번의 실험을 통해 웃음이 통증을 경감시키고 기분을 좋게 하는 엔도르핀, 종양과 바이러스를 파괴하는 NK(자연살상)세포 및 호흡기관에서 염증을 막아주는 항체면역글로빈 A를 증가시킨다는 사실을 확인했다.

유쾌한 사람들과
더 많이 어울려라

코미디 프로그램을 볼 때 다른 사람과 함께 보면 웃는 빈도가 늘어나며 웃음소리 또

한 더 커진다. 다른 사람들의 웃음소리를 듣고 흥분해서 더 크게 웃게 될 뿐만 아니라 이 웃음소리는 똑같은 방식으로 다른 사람을 흥분시킨다.

이러한 상승효과 때문에 사람들과 어울려 코미디 프로그램을 보면 더 크게 웃는다. 이처럼 다른 사람이 웃으면 따라 웃게 되는 것을 심리학에서는 '사회적 전염 현상Social Contagion Phenomena'이라고 한다. 많은 시트콤 드라마에서 요즘도 이따금 가짜 웃음소리를 삽입한다. 가짜 웃음을 삽입시키는 것만으로도 시청자들이 더 재미있어 하기 때문이다.

심리학자 스미스R. Smith는 40명의 남녀 대학생들에게 유머가 삽입된 녹음을 듣게 했다. 그중 참여자의 절반에게는 20명 정도의 청중들이 내는 가짜 웃음소리가 삽입된 녹음을 듣게 했다. 그리고 나머지 학생들에게는 이야기 내용은 같지만 청중들의 가짜 웃음이 삽입되지 않은 녹음을 듣게 했다. 실험실에 설치된 녹음테이프를 분석한 결과, 내용이 같은 것이라도 가짜 웃음이 삽입된 것을 들었던 학생들이 그렇지 않은 학생들보다 훨씬 더 자주 웃고(19회 : 6회), 더 오래 웃었으며(19초 : 5초), 코미디 내용을 더 재미있다고(93점 : 75점) 평가했다.

지난 수십 년 동안 웃음에 관한 연구를 해온 메릴랜드 대학 로버트 프로빈Robert R. Provine 박사는 사람들이 혼자 있을 때보다는 여럿이 함께 있을 때 평균 30배 정도 더 많이 웃는다고 주장한 바 있다. 많이 웃기 위해서는 유쾌한 사람들과 함께 어울릴 필요가 있다.

우리는 같은 공간에서 숨을 쉬고 있다는 것 자체만으로 누군가에게 영향을 미친다. 내가 주변 사람들에게 미치는 영향은 부정적인가? 아니면 긍정적인가? 기를 뺏는가? 아니면 기를 불어넣어주는가? 내 표정은 나와 같이 있는 사람들에게 부정적인 마인드를 전염시키는가? 아니면 긍정적인 생각들을 퍼트리는가?

그대가 억지로라도
웃어야 하는 까닭

한 가지 간단한 실험을 해보자. 우선 눈을 감아보라. 그리고 입이 찢어질 정도로 입술을 귀 쪽으로 당기고 이를 드러내 환하게 웃는 표정을 지어보라. 그리고 마음속에 떠오르는 생각들을 점검해보라. 어떤 사람들이, 그리고 어떤 일들이 떠오르는가? 이번에는 이를 악물고 눈살을 찌푸려 분노로 떨 때의 표정을 지어보라. 마찬가지로 머릿속에 자유롭게 떠오르는 생각들을 찾아보라. 아마도 웃는 표정을 지을 때와 화난 표정을 지을 때, 각기 다른 사람들과 다른 사건들이 떠오를 것이다.

기분이 좋아지면 웃는다. 이건 누구나 다 아는 사실이다. 그러나 억지로라도 웃으면 기분이 좋아진다는 사실을 아는 사람은 거의 없다.

그러나 심리학의 아버지라 불리는 윌리엄 제임스는 이렇게 주장했다. "우리는 행복하기 때문에 웃는 것이 아니고 웃기 때문에 행복하다." 정말 기막힌 발상이다. 웃다 보면 기분이 점점 좋아지고 울다 보면 왠지 점점 슬퍼지는 것처럼 신체의 말초적 반응이 대뇌의 감정을 유도한다는 그의 이론을 '정서의 말초설 Peripheral Theory of Emotion'이라고 한다.

전통적인 입장에서 볼 때 얼굴 표정은 내적인 감정 상태를 외부로 표현하는 기능만을 갖고 있다고 보았다. 그러나 윌리엄 제임스의 주장을 지지하는 연구자들은 사람들이 기분에 따라 표정이 달라질 뿐만 아니라 표정에 따라 기분이 달라지는 것을 확인했다.

심리학자 제임스 레어드는 실험에 참여한 사람들에게 아이들의 사진을 보면서 사진 속의 아이가 얼마만큼 공격적인지를 평가하게 했다. 한 조건에서는 얼굴을 찡그린 채로, 그리고 다른 조건에서는 환하게 웃으면서 사진을 보게 했다.

연구 결과, 전자의 경우가 후자의 경우보다 아이들을 더 공격적이라고 판단했다. 따라서 다른 사람들에 대해서 어떤 감정을 경험하는가의 상당 부분은 우리가 어떤 표정을 짓는가에 좌우된다.

프리츠 스트랙Fritz Strack이라는 심리학자도 이와 유사한 실험을 했는데, 그는 실험 참여자들에게 볼펜을 가로로 물고 있도록 하면서 웃는 표정을 짓게 했다. 그리고 만화를 보여준 다음 그것이 얼마나 재미있는지 평가하게 했다. 다른 참여자들에게는 입술로 볼펜을 물게 해 웃지 못하도록 한 상태에서 만화를 평가하게 한 후 그 결과를 비교했다. 실험 결과는 예상대로 볼펜을 이로 물어서 억지로 웃음 짓게 만든 사람들이 그렇지 않은 사람들에 비해 만화를 훨씬 더 재미있다고 평가했다. 따라서 일상에서 즐거움을 더 많이 경험하기를 원한다면 우리의 표정부터 먼저 바꾸어야 한다.

즐겁기 때문에 휘파람을 불 수도 있지만 휘파람을 불기 때문에 즐거워질 수 있다. 슬퍼서 우는 것이 아니라 울기 때문에 슬퍼지는 것이고, 만족스럽지 못하기 때문에 투덜거리는 것이 아니라 투덜거리기 때문에 삶이 불만족스러워지는 것이다. 화나고 우울한 일들은 세상에 넘친다. 그러나 우리는 우리의 표정을 선택함으로써 우리의 감정을 얼마든지 바꿀 수 있다.

미소는 사람을 대할 때는 말할 것도 없고 일을 할 때도 매우 중요한 기능을 한다. 미소 속에는 세 가지의 메시지가 포함되어 있기 때문이다.

첫째, 만나서 반갑습니다. 둘째, 나는 당신이 좋습니다. 셋째, 우리는 한편입니다. 오래전, 공부가 너무 어렵다는 중학생 딸아이에게 이런 말을 해준 적이 있다. "○○아, 혼자 공부할 때도 이를 악물지 말고, 반쯤 미소를 짓고 해봐. 그러면 우리는 공부에게 이런 메시지를 전달하게 된단다. 첫째, 공부야 반가워. 둘째, 나는 네가 좋아. 셋째, 우리는 한편이야. 그러면 공부 역시 우리에게 이렇게 화답할 것이다. 첫째, 나도 반가워. 둘째, 나도 네가 좋아. 셋째, 우리는 한편이야. 공부가 잘될 수밖에 없겠지." 그래서 그런지 아이는 그 후에 공부에 조금씩 흥미를 갖기 시작했다.

그래서 무슨 일을 하던 미소를 짓고 일을 하는 사람이 짜증을 내거나 이를 악물고 일하는 사람보다 성과가 더 좋을 수밖에 없다. 공부 역시 마찬가지다. 즐기면서 하는 사람이 결국 더 좋은 성과를 낼 것이다.

일본의 심리학자 에토 노부유키衛藤信之 박사는 어느 날 "우울증에 걸려본 적도 없는 내가 우울증에 걸린 사람의 기분을 알 리가 없다."면서 우울증을 직접 체험하기로 작정한다. 그는 3개월간 하루에 천 번씩 한숨을 쉬면서, 절대 웃지 않기로 했다. 그는 결국 극도의 우울증에 빠지게 된다.

그 뒤 에토 노부유키 박사는 우울증으로 인해 학교수업에도, 학회에도 나가지 않고 "그런 곳에 나간들 나에게 무슨 의미가 있단 말인가?"라며 푸념만 내뱉는 사람이 되었다.

그렇게 우울증을 제대로 체험한 에토 노부유키 박사는 우울증에서 벗어나기로 시도했다. 그는 일단 푸념과 한숨 쉬는 것을 멈추고 날마다 웃기로 했다. 딱히 웃을 이유가 없어도 무조건 웃었다. 그러한 자기 체험을 근거로 그는 표정과 말이 감정을 결정한다는 사실을 학문적으로 증명해냈다.

미소가 전하는 세 가지 메시지

1. 만나서 반가워요.
2. 나는 당신이 좋아요.
3. 우리는 한편이에요.

억지로라도 웃으면 기분이 좋아진다. 물론 처음에는 어색할 것이다. 그러나 억지로 웃는 기괴한 표정을 거울에 비추어 보면 그 묘한 표정 때문에라도 웃음이 절로 난다.

웃다 보면 기분이 좋아지고 기분이 좋아지면 생각도 밝아진다. 사고방식이 긍정적으로 바뀌면 웃음 역시 자연스럽게 나오기 마련이다. 대부분의 사람들은 즐거워야 웃는다. 그러나 행복한 사람들은 웃을 일이 없을 때도 웃는다. 그리하여 웃을 일을 만들어낸다.

미소와 웃음은 저절로 느껴지는 감정이라고 생각한 사람들이 많다. 하지만 미소와 감정은 의도적으로 선택하고 연습해야 하는 기술이며, 감정은 창조하는 것이다. 긍정적 감정을 원한다면 미소를 선택하면 된다. 그대는 웃을 일이 있어야만 웃는 사람인가? 아니면 미소로 웃을 일을 만들어내는 사람인가?

Do It Now!

❶ 나는 웃을 일이 있어야 웃는 편인가? 아니면 웃을 일을 만들기 위해 웃는 편인가?

----

❷ 거울로 평소 표정을 살펴보자. 안면피드백 이론에 따르면 평소의 내 표정이 만들어내는 나의 주요 감정은 무엇인가?

----

❸ 표정을 바꾸면 감정과 행동이 달라지고 행동이 바뀌면 운명이 달라진다. 그러므로 지금 당장 해야 할 일은 무엇인가?

사람의 뇌는
웃음소리 만으로도
웃음을 짓게하는
부위에 자극을
받는다고 합니다

남을 웃게 하려면
먼저 웃은셈

고개 숙이는 것을 깜빡했어!

미국의 전 대통령 레이건은 탁월한 유머 감각을 갖고 있는 사람이다. 한번은 어떤 기자가 "배우 출신인 당신이 대통령직을 잘 해낼 수 있을까요?"라고 약간 비꼬는 듯한 말투로 물었다. 이 말에 그는 "배우 출신이기 때문에 더 잘 해낼 수 있는 거지요."라고 웃으면서 대답했다. 그의 유머 감각은 괴한에게 저격을 당했을 때도 유감없이 발휘되었다. 저격을 당하는 순간, 아내에게 "여보, 미안해. 고개를 숙이는 것을 깜빡했어."라고 사과했다. 수술용 침대에 실린 채 수술실 안으로 밀려 들어가면서도 그는 의사에게 씽긋 웃으며 이렇게 농담을 건넸다. "의사 양반, 선생이 충실한 공화당원이라고 말해주겠소?" 뿐만 아니라 걱정스런 눈으로 바라보는 그의 딸에게는 "제일 좋은 양복 하나를 버렸구나"라고 하면서 주변 사람들의 마음을 달래주었다. 저격을 당한 위급한 상황에서 이런 말들을 아무나 할 수 있을까?

13

공감과 배려로 지지를 끌어낸다

공감적 소통 Empathetic Communication

성공의 유일한 비결은 타인의 관점을 잘 포착해서 그들의 입장에서 사물을 바라볼 수 있는 재능, 바로 그것이다. _헨리 포드 Henry Ford

어느날, 초원을 거닐던 사자와 소가 사랑에 빠져 결혼했다. 둘은 서로에게 최선을 다하기로 약속했다. 소는 최선을 다해서 날마다 맛있는 풀을 사자에게 대접했고, 사자 역시 최선을 다해서 맛있는 살코기를 소에게 대접했다. 사자도 소도 괴로웠지만 서로가 상대방을 배려해서 하는 행동임을 알고 참았다. 하지만 어느 순간 도저히 더 이상은 참을 수가 없게 된 소와 사자는 다투게 되고 결국은 헤어진다. 헤어지며 서로에게 한 말은 이랬다. "나는 최선을 다했어!"

사람은 모두
다르다는 사실을 인정하자

상대방의 입장을 제대로 파악하지 못하면 배려도 때론 상처가 될 수 있다. 사람들은 다른 사람도 자신과 똑같이 느낄 거라고 가정하는 경향이 있다. 그래서 내게 의미 있는 것이라면 다른 사람에게도 의미가 있을 것이라고 생각한다. 하지만 사람들은 모두 다양하고 독특하므로 자신이 원하는 방식으로 사랑받고 싶어한다. 그러므로 아무리 친한 사이라고 해도 가끔씩은 상대방의 입장에서 생각해볼 필요가 있다.

우리가 분명히 A라고 말했는데도 상대방은 그것을 B라고 듣는 경우가 있다. 그건 상대방의 필터가 우리의 필터와 다르기 때문이다. 결론적으로 우리가 아무리 A라고 말해도 상대방이 그것을 B라는 의미로 들었다면 그건 우리가 B라고 말한 것과 같다. 사람들은 각기 서로 다른 주파수로 말하고 생각한다. 당신이 친구 세 명과 똑같은 상황에 함께 있다고 해도 친구들은 당신과 전혀 다른 방식으로 상황을 걸러내고 있다. 그들은 당신의 눈을 통해 세상을 볼 수 없으며 그들의 필터는 당신의 필터와는 다르기 때문이다.

사람들 사이에서 일어나는 대부분의 갈등은 의견이 다르기 때문에 일어나며, 의견충돌은 서로 다른 것을 인정하지 못하기 때문에 일어난다. 그래서 가정과 사회, 국가 안에서 불화가 끊이지 않는 것은 어쩌면 당연한 일이다. 사람들은 같은 현상을 앞에 두고도, 저마다 다르게 듣고 다른 눈으로 바라보며 다른 필터로 걸러서 생각하기 때문이다. 하지만 인간은 모두 다르다는 사실이 지닌 광범위한 뜻을 이해하고 그것을 인정하면 더 많은 사람들과 평화로운 관계를 유지할 수 있다. 공감은 한 사람 한 사람이 모두 유일무이한 존재라는 사실을 받아들이고 다른 사람들의 관점을 이해하는 능력을 말한다.

신뢰관계를 형성하고 상대방을 바람직한 방향으로 변화시키기 위해서는 반드시 상대방의 내적 준거체제를 가지고 그 사람의 생각과 감정을 이해하면서 소통을 해야 하는데 이를 심리학에서는 '공감적 소통Empathetic Communication'이라고 한다.

자기 행동을 조절할 줄 아는 사람은
이 점이 다르다

머리도 좋고 성적도 좋은 아이들이 학교에서 적응하지 못하는 경우가 있듯이, 탁월한 능력을 갖고 있는 사람들이 직장에서 자기의 재능을 제대로 발휘하지 못하는 경우가 많다. 캠벨D. Campbell이라는 심리학자는 기업체의 관리자로서 주목받고 있는 유망주들을 대상으로 실패한 사람들의 특성이 무엇인지를 확인하기로 했다. 그런데 '떠오르는 별'이라고 칭해지던 이들 중 상당수가 중도에 탈락했다. 그 이유는 기술적인 무능함이라기보다는 대인관계의 결함, 즉 공감적 소통력의 문제 때문이었다.

미국과 유럽의 회사들을 대상으로 조사한 결과, 이들에게서 그들이 실패할 수밖에 없는 치명적인 결점들이 확인되었다. '협력관계를 형성하지 못하는 것' '권위적인 태도와 행동' '너무 야심찬 것' '상사와의 상습적인 갈등관계' 모두 자신과 타인의 감정을 이해하고 다스리는 것과 관련된 것들이었다.

원만한 관계를 유지하기 위해서는 상대방의 의중을 정확히 파악하고 자신의 감정과 행동을 적절하게 통제할 수 있어야 한다. 다른 사람들이 자신을 어떻게 생각하고 있는지를 정확하게 파악하고 자기의 행동을 적절하게 조절할 수 있는 것을 심리학에서는 '자기감찰Self - Monitoring' 능력이라고 한다. 자기감찰 능력이 우수한 사람들은 다음과 같은 몇 가지 특성을 갖고 있다.

첫째, 상대방의 욕구뿐만 아니라 자신의 행동이 다른 사람에게 미치는 영향을 정확하게 파악하기 때문에 상황에 맞게 행동을 조절할 수 있다. 예컨대, 회의를 주재하는 사람이라면 참석자들이 지루해하는 즉시 이를 간파해 진행방식을 바꾸는 등 상황을 적절하게 처리할 수 있다.

둘째, 자신의 주관적인 감정이나 태도에 집착하기보다는 상황이 기대하는 바에 따라서 행동한다. 이들은 상대방이 처한 상황이나 상대방이 누구냐에 따라 사용할 말과 행동을 적절하게 취사선택해서 사용할 수 있다.

셋째, 직설적이고 노골적인 감정표현을 자제할 수 있다. 상황이나 분위기를 정확하게 포착해서 자신의 내적 감정을 적절하게 조절하기 때문에 분위기를 깨거나 상대방의 감정을 상하게 하지 않는다.

넷째, 비언어적 커뮤니케이션의 파악능력과 전달능력이 우수하다. 비언어적으로 전달되는 상대방의 의중을 민감하게 읽을 수 있을 뿐만 아니라 특별히 말을 많이 하지 않고도 표정, 시선, 말투 등 비언어적 의사전달 수단을 적절히 구사해 다른 사람들과 좋은 관계를 유지한다.

다섯째, 상대방의 감정을 정확하게 판단하고 입장을 바꿔 생각할 수 있는 공감능력이 뛰어나다. 말을 하기보다는 상대방의 말을 경청하는 능력이 뛰어나서 자기중심적이기보다는 타인중심적 태도를 보인다.

　　　　　　　　　다른 사람의 마음을 공감할 수 있는 능력은 사람들과 친밀한 관계를 유지하기 위해서뿐만 아니라, 세일즈나 경영관리에 이르기까지 삶의 모든 영역에서 그 어떤 것보다 중요한 능력이다. 공감이란 다른 사람의 감정, 신념, 태도를 정확하게 포착하고, 정확하게 전달할 수 있는 능력을 말한다.

　딸아이가 유치원에 다닐 때의 일이었다. 딸아이가 친구와 다투던 중 친구가 딸아이의 얼굴을 손톱으로 할퀴었는데 처음에는 대수롭지 않게 생각했다. 그런데 아물기도 전에 딱지가 뜯겨져 눈에 띌 정도의 흉터가 남게 되었다. 내심 걱정이 되었으나 딸아이가 너무 신경 쓸 것 같아 우리 부부는 딸아이 앞에서 흉터에 대한 이야기를 삼가기로 했다.

　그러던 어느 날 딸아이를 데리고 엘리베이터를 타게 되었다. 위층에 사는 아주머니가 딸아이를 보면서 혀를 끌끌 찼다. 그리고 이렇게 말했다. "아유, 너 어디서 이렇게 다쳤니? 엄마가 얼마나 걱정이 될까? 쯧쯧, 남자애라면 몰라도 여자애가 이렇게 됐으니……. 나중에 성형수술이라도 해야겠다."

　그 아주머니는 정말로 걱정스런 표정이었다. 그리고 너무나도 진지했다. 그 말을 듣고 있던 딸아이의 표정이 어두워지기 시작했다. 나는 그 아주머니의 염려가 고맙기는커녕 마음속으로는 화가 났다. 운전을 하고 가는 도중에 뒷좌석에 앉아 침울한 표정을 짓고 있던 딸아이가 내게 조심스럽게 물었다. "아빠, 성형수술 하면 많이 아프지 않을까? 그래도 나는 성형수술 할 거야. 아파도 참을 수 있을 것 같아."

공감능력이란 상대방의 감정을 정확하게 포착하는 것뿐만 아니라, 그 느낌을 표현하는 것이 어떤 결과를 초래할지 판단할 수 있는 능력까지 포함한다. 이야기를 해야 할 때와 안 해야 할 때, 나서야 할 때와 나서지 말아야 할 때를 모르는 것 역시 상대방의 감정을 제대로 읽지 못하기 때문이다. 사사건건 주변 사람들과 부딪치는 사람들이 있다. 그런 사람들은 대개 주변 사람들 모두가 왜 자기를 싫어하는지를 잘 모른다. 공감능력이 떨어지기 때문이다.

"김○○ 대리 있잖아. 결혼하고 난 다음에 살이 많이 찐 거 같다고 했더니 얼굴색이 싹 달라지더라. 그 여자 대체 왜 그래? 남편과 요새 문제 있는 거 아냐?" 이렇게 말을 한 사람에게 "뭐 하러 그런 말을 했냐."고 물으면 대개 이런 식의 반응이 돌아온다. "내가 뭐 틀린 말 했어?" 틀리지 않는 말이라고 상대방 입장을 고려하지 않고 아무렇게나 내키는 대로 말하는 사람이라면 프랑스의 이 속담을 명심해야 한다. "진실만큼 마음에 거슬리는 것은 없다."

상대방의 기분을 언짢게 하는 농담을 하는 사람, 자기 말에 취해 남들이 자기가 하는 말을 얼마나 지겨워하는지도 모르는 사람, 상대방이 원하지 않는데도 너무 가까이 다가가거나 신체적인 접촉을 하는 사람, 친하지도 않은데 프라이버시에 관련된 질문을 하는 사람, 화나게 만들어놓고도 "화났어?"라고 묻는 사람들이 있다. 이 모두 공감능력이 부족하기 때문이다. 상대방이 화가 난 것 같으면 화를 풀어줘야지 도대체 왜 그런 질문으로 화를 더 돋우는 걸까?

사람은 태어나서 죽을 때까지 어떤 방식으로든 다른 사람들과 관계를 맺고 살아가야 한다. 그리고 어떤 일에서든 인간관계가 가장 중요하다. 그래서 아무리 탁월한 재능을 갖고 있는 사람도 인간관계가 원만하지 못하면 타고난 잠재력을 제대로 발휘할 수 없다.

부모에게 용돈을 언제 요구할 것인지, 친구의 부탁을 어떻게 거절할 것인지, 사랑을 어디서 고백할 것인지, 무엇을 선물해야 할지를 결정하는 것 등등, 이 모든 것이 제대로 되려면 상대방의 감정을 정확히 헤아릴 수 있는 공감능력이 필요하다.

영화 〈마우스헌트〉에 이런 대사가 있다. "당신들은 쥐를 잡을 심리학적인 준비가 안 돼 있소. 쥐를 잡으려면 쥐의 머릿속에 들어가 쥐처럼 생각을 할 수 있어야 하오." 설득력이 남달라 상대방을 긍정적으로 변화시킬 수 있는 사람들이 갖고 있는 공통점, 그건 바로 상대방의 머릿속에 들어가 상대방의 입장을 제대로 이해하는 공감능력이다.

공감은 이타적인 행동을 촉진시키며, 많은 사회적 문제들을 억제하는 완충장치로 작용한다. 최근 들어 우리 사회에서 심각한 문제로 대두되고 있는 약자 괴롭히기(왕따), 성폭행, 자녀학대, 살인, 폭력 등의 모든 문제들은 사실 상대방이 경험할 수 있는 고통을 충분히 공감하지 못하는 데서 기인한다.

공감능력은 인간관계뿐만 아니라 학생들의 학업수행능력과도 매우 밀접한 관계가 있다. 로버트 로젠탈Robert Rosenthal이라는 심리학자는 다른 사람의 감정에 대한 판단능력과 대인관계 및 학생들의 학업수행 정도 간의 관계를 확인했다. 전 세계 80여 개 나라에서 7000여 명을 대상으로 연구한 결과, 얼굴 표정으로 상대의 감정을 정확하게 판단하는 사람들은 그렇지 못한 사람들에 비해 동료들과 이성들에게 인기가 더 많았으며, 새로운 사람과도 쉽게 사귀는 것으로 밝혀졌다.

이번에는 1000명의 아동들을 대상으로 조사한 결과, 상대방의 감정을 정확하게 파악하는 아이들은 그렇지 못한 아이들에 비해 친구들에게 인기가 훨씬 더 좋았다. 그리고 IQ가 높지 않음에도 불구하고 성적이 더 우수했으며, 교사와의 관계도 훨씬 더 원만한 것으로 확인되었다. 그렇다면 원만한 대인관계와 개인적 잠재력의 발휘에 무엇보다 중요한 타인과의 공감능력을 증진시키려면 어떻게 해야 하는가? 먼저 다음과 같은 세 가지 요소를 갖추어야 한다.

첫째, 사람들의 감정을 정확하게 인식할 수 있어야 한다. 상대방이 말로 표현한 내용뿐 아니라 비언어적 단서들과 그 이면에 감추어진 감정이 무엇인지를 파악할 수 있어야 한다. 많은 경우, 사람들은 자신의 감정을 말로 표현하기보다는 표정, 시선, 자세, 침묵 등 비언어적인 방식으로 표현하기 때문이다.

둘째, 상대방의 입장에서 감정을 느낄 수 있어야 한다. 영어 단어 공감 'Empathy'는 원래 그리스어로 '~의 내부를 느끼는'이라는 의미를 갖고 있다. 상대방의 감정을 정확히 인식하는 것뿐만 아니라 상대방의 입장에서 그 사람처럼 느껴야 한다.

셋째, 적절하게 표현할 수 있어야 한다. 완전한 공감이란 자신이 파악한 상대방의 감정을 상대방이 원하는 방식으로 느끼고 상대방의 입장을 고려해 그것을 적절하게 표현할 수 있어야 한다. 그러므로 상황이나 상대방에 따라 모르는 척 넘어가는 것이 더 좋을 수도 있으며, 언어적 표현보다 비언어적인 표현이 더 효과적일 수도 있다.

공감의 세 가지 핵심요소

1. 언어적 및 비언어적 단서를 통해 감정을 정확하게 포착한다.
2. 내 입장이 아니라 상대방의 입장에서 그 사람처럼 느낀다.
3. 공감한 내용을 상대방이 원하는 방식으로 적절하게 표현한다.

상대방의 콤플렉스를 건드리지 마라

한 취업정보 사이트에서 구직자들을 대상으로 '명절 때 가장 듣기 싫은 말'을 조사해 발표했다. 구직자들이 명절 때 가족이나 친지로부터 가장 듣기 싫어하는 말은 "아직도 놀고 있니?"와 같은 취직 여부를 묻는 질문인 것으로 나타났다. 특히 여자들은 "결혼은 언제 할래?"

"살이 많이 쪘다." 등 결혼이나 외모에 관한 질문을 들었을 때 스트레스를 가장 많이 받는다고 보고했다.

취업을 못한 친지에게 왜 취직 여부를 물어볼까? 아직 결혼을 하지 못한 노처녀에게 왜 "시집은 언제 가냐?"고 질문할까? 상대방이 듣기 싫은 말을 한 사람들에게 물어보면 그들은 하나같이 "걱정이 되니까."라고 말한다. 하지만 아무리 선의를 갖고 한 말이라도 상대방이 그 말로 상처를 입었다면 그것은 결코 현명한 선택이 아니다. 무슨 말을 해도 다 받아줄 것 같은 성인 군자도 화를 낼 때가 있다. 돌부처 같은 사람도 어떤 부분을 건드리면 견디지 못하는 경우가 있다. 누구나 절대로 자극받고 싶지 않은 민감한 부분, 즉 그 사람만의 콤플렉스를 건드렸을 때다. 다른 사람에게 상처를 주면서도 "내가 틀린 말 했냐."고 입버릇처럼 말하는 습관이 있다면 새겨들어야 할 말이 있다. "상처를 건드리는 진실보다 상처를 쓰다듬는 거짓이 더 낫다."는 체코 속담이다.

누군가와 친하게 지내고 싶다면 그가 좋아하는 일을 해주어야 한다. 꽃을 좋아하면 꽃을 선물하고 연극을 좋아한다면 연극을 함께 보러 가야 한다. 그러나 인간관계에 그보다 훨씬 더 중요한 것이 있다. 상대방이 싫어하는 것을 하지 말아야 한다는 것이다. 그건 음식을 먹을 때 쩝쩝 소리를 내거나 다리를 떠는 것 같은 사소한 일일 수도 있고, 핵심 콤플렉스를 생각 없이 지적하는 것까지 사람에 따라 얼마든지 다를 수 있다. 어떤 관계에서든 긍정적인 행동보다 부정적인 행동이 관계에 훨씬 더 강력한 영향을 미치는 데 이를 심리학에서는 '부정성의 효과 Negativity Effect'라고 한다.

산속에서 도를 닦다 온 사람도 아닌데 왠지 아우라가 느껴지는 사람이 있다. 특별히 잘 나서지도 않고 튀지도 않는데 사람들이 그를 좋아하고 따른다. 뛰어나게 잘생긴 것도 아니고 목소리가 큰 것도 아닌데 사람들에게 많은 영향력을 발휘한다. 그들에겐 한 가지 공통점이 있다. 별로 말이 많지 않으며, 무엇보다 상대방에 대해 공감하고 배려하는 마음이 남달라 상대방이 싫어하는 행동이나 해서는 안 되는 말을 하지 않는다.

누군가와 친해지거나 멀어지는 것은 주고받는 행동과 대화에 의해서 좌우된다. 특히, 불만스런 상황을 처리하는 사소한 말투와 행동에 의해 많은 영향을 받는다. "비 온 뒤에 땅이 굳는다."는 속담은 갈등이 생겼을 때, 그것을 원만하게 해결하면 더 좋은 관계로 발전될 수 있다는 뜻을 함축하고 있다. 그러나 사소한 말 한마디로 비 온 뒤에 골이 더 깊이 패일 수도 있다. 그대의 말과 행동은 관계를 굳히는 편인가? 골을 파는 편인가?

212

❶ 다른 사람에 대한 공감과 배려심이 부족한 사람들을 떠올려보자. 그리고 그들 중 한 명이 보인 행동을 구체적으로 적어보자.

❷ 상대방의 입장을 제대로 이해하지 못해 사이가 멀어졌던 경험 한 가지를 찾아 상대방의 입장에서 내가 했던 행동의 문제점을 찾아보자.

❸ 더욱더 좋은 관계로 발전시켜야 할 사람 중 한 명을 찾아보자. 그에게 하지 말아야 할 말과 행동은 무엇인가?

50년간 섭섭했던 할머니

"빵 한 조각을 앞에 두고 앉으니 가난했던 시절이 생각나는구려." 금혼식을 끝낸 저녁, 할아버지의 이 말에 할머니는 지나온 50년을 회상하며 행복한 미소를 지었다. 잠시 후 그동안 늘 그래왔듯이 할아버지는 빵 끝부분을 잘라 할머니에게 내밀었다. 그런데 바로 그때 할머니가 평소와 다르게 얼굴을 붉히며 몹시 화를 냈다. "정말 너무하네요. 오늘 같은 날도 내가 이 딱딱한 것을 먹으라고요? 그런 당신이 항상 섭섭했지만 그동안 애써 참고 살아왔는데……. 오늘같이 특별한 날만은 당신이 그러지 않을 줄 알았어요!" 예상치 못한 할머니의 반응에 할아버지는 몹시 당황했다. 한참이 지나서야 할아버지는 더듬더듬 이렇게 말했다. "당신이 진작 얘기해주었으면 좋았을 텐데……. 난 몰랐소. 하지만 여보. 바삭바삭한 빵 끄트머리는 내가 가장 좋아하는 부분이었소." 공감적 소통을 하려면 지레짐작해서 자기중심적으로 배려하기보다는 가끔씩 상대방의 의중을 확인해보는 것은 말할 것도 없고 자신의 속마음도 진솔하게 털어놓을 수 있어야 한다. 그대에게 가장 중요한 사람은 누구이고, 간간이 그의 의중을 확인해야 할 내용은 무엇인가?

몰랐어?
세상은
동그랗다구!
무슨소리!
네모야!
이런! 난
세모로
보이는데!
사람들은
누구나
자신의
방식대로
세상을 보지!
인정하지
않는다면
영원히
서로를
이해할수
없지!

14

비난을 극복해야 비상(飛上)이 가능하다

전환전략 Transition Strategy

내가 상처받지 않기로 마음먹은 이상, 어느 누구도 내게 상처를 입힐 수는 없다. _마하트마 간디Mahatma Gandhi

화장품 외판원이라고 자기를 소개한 독자가 아래와 같은 내용의 메일을 보내왔다.

「머뭇거리다가 친구에게 화장품을 권했어요. "너 화장품 파는구나. 옛날엔 공부도 잘 하고 똑똑했는데. 그런 일 말고 좀 괜찮은 일 해보지 그러니?" 안 사려면 그냥 안 산다고 하지. 얼마나 창피하고 무안했던지. 그 싸늘한 눈길, 비웃는 표정, 비아냥거리는 말투가 머릿속에 깊게도 박힌 모양입니다. 밥 먹을 때도, 책을 읽을 때도, 음악을 들을 때도 문득문득 떠오릅니다. 고객들을 만나고 전화를 해야 하는데, 몇 날 며칠 그 생각이 머리를 맴돌아 고객을 만나기도 싫고 전화도 하기 싫습니다. 딱 한 번, 그것도 지나가는 말로 했던 그 친구의 말 한마디가 왜 이렇게 잊혀지지 않을까요? 모든 걸 다 때려치우고 싶습니다.」

우리는 왜 긍정보다 부정에 민감하게 반응할까?

CS(고객만족 서비스) 분야 명강사 한 분이 진지한 표정으로 물어왔다.

"교수님, 강의를 하다 보면 수많은 사람들로부터 칭찬을 받습니다. 그러나 아무리 많은 사람들이 눈을 반짝이면서 귀를 쫑긋 세우고 제 강의를 들어줘도 그 순간의 기분을 좌우하고 오랫동안 기억에 남는 사람은 제게 찬사를 보내는 대다수 청중이 아니라 맨 앞줄에 삐딱한 자세로 앉아 떨떠름한 표정으로 저를 쳐다봤던 그 한 사람입니다. 대다수의 사람들이 강의가 좋았다고 칭찬할 때조차 왜 그런 사람 한 명 때문에 기분이 완전히 엉망이 되고 그 일이 오랫동안 기억에서 지워지지 않을까요? 제가 심리적으로 문제가 있는 거 아닐까요?"

여러분은 어떻게 생각하는가? 이 분은 지극히 정상이다. 내가 그 입장이라도 마찬가지였을 것이다.

긍정적인 열 마디보다 부정적인 한 마디 말이 우리의 감정에 훨씬 더 강력한 영향을 미친다. 잘 해준 일 열 가지는 기억하지 못하면서도 섭섭한 일 한 가지는 잊지 못하는 게 사람의 마음이다. 칭찬받고 난 다음에 감사하고 싶은 마음보다 비난받고 난 다음에 되갚아주고 싶은 생각이 훨씬 더 강하다. 내게 미소를 보여준 아흔 아홉명의 친구보다 나를 비웃었던 단 한 명의 친구가 하루의 기분을 망치고 삶을 엉망으로 만들어버릴 가능성이 훨씬 더 크다. 그래서 열광하는 수많은 팬들의 환호보다 한두 명의 악플에 우울해진다는 연예인들도 많고, 관계가 나쁜 한 사람 때문에 다니던 회사를 떠나기로 결심하는 사람도 의외로 많다.

사람들은 긍정적인 정보보다 부정적인 정보를 훨씬 더 민감하게 받아들이는 경향이 있다. 왜 그럴까? 그건 부정적인 정보가 긍정적인 정보보다 생존에 더 중요하다는 사실을 진화과정을 통해 터득했기 때문이다.

동물들도 긍정적인 자극보다 부정적인 자극에 훨씬 더 민감하다는 것을 실험으로 확인할 수 있다. 조건반사 실험에서 개에게 종소리를 들려주고 먹이를 주면서 개가 종소리만 듣고 침을 흘리게 하려면 몇 번이나 실험을 해야 할까? 수십 번을 반복해야 한다. 그런데 종소리를 듣고 침을 흘리는 대신 공포반응을 일으키게 하려면 몇 번의 실험이 필요할까? 딱 한 번이면 된다. 종소리를 들려주고 강한 전기충격을 주면 개는 단 한 번의 처치로 즉각 공포반응을 학습한다. 부정적인 자극에 민감하지 못한 개체는 살아남을 수가 없기 때문이다.

긍정적인 자극보다 부정적인 자극에 민감한 것은 모든 유기체의 본성이다. 하지만 문제는 우리가 다른 사람의 비판에 대해 너무 민감해지면 그로 인해 도전해야 할 중요한 일도 포기해 버린다는 것이다. 단단한 각오로 일을 시작하다가도 누군가가 "넌 안 돼."라고 초를 치면 의욕이 뚝 떨어진다. 잘 해보려고 노력했다가도 "그게 가능할 거라고 생각해?"라는 소리를 들으면 맥이 탁 풀린다.

이처럼 무시, 경멸, 비난은 부정적인 감정의 최고 원천이고 굳게 결심한 일을 작심삼일로 무산시키는 가장 중요한 원인이 된다. 그러므로 성패의 관건은 우리를 포기로 유도하는 부정적인 반응을 대하는 우리의 태도이다.

영국의 경제학자이며 사회개혁가인 아놀드 토인비Arnold Toynbee는 이렇게 말했다. "인류는 지난 5000년 동안, 아주 극적이라 할 만큼 괄목할 성장을 해왔다. 지식의 폭발, 과학기술의 눈부신 발전, 그럼에도 불구하고 우리는 여전히 주변의 단한 사람과의 관계 때문에 쩔쩔맨다. 역사의 아이러니다."

현대의 뛰어난 영성가로 널리 알려진 인도 출신의 앤서니 드 멜로Anthony de Mello 신부 역시 이렇게 말하고 있다. "우리는 칭찬은 속삭임처럼 듣고 비난은 천둥처럼 듣는다." 우리의 마음 속에 달려 있는 귀는 소리를 차별해서 듣는다는 것이다. 칭찬은 너무 작게, 비난은 너무 크게!

비판을 터닝포인트로 활용하라

한 학생이 내 연구실로 찾아와 눈물을 흘리면서 학교를 그만두겠다고 말했다. 스스로도 자질이 의심되던 터에 얼마 전 논문 발표장에서 지적당한 게 너무너무 창피해 학교에 나올 수가 없다는 것이었다.

나는 그에게 물었다. "혹시 아인슈타인이 중도에 포기했다는 말을 들었는가?" "아니요." "그럼 프로이트가 30대에 연구를 그만뒀다는 글을 읽은 적이 있는가?" "아니요." "그럼 ○○○라는 사람에 대해 들어본 적이 있는가?" 그러자 그는 내게 물었다 "모르겠는데요. 그런데 그 사람이 누구죠?" 나는 이렇게 말해줬다. "당연히 모를 것이다. 그는 자네의 선배지만 중간에 자퇴했

220

다. 이유가 무엇이든 중도에 포기한 사람은 아무도 기억하지 못한다."

상담을 하다 보면 이런 사람들을 종종 만난다. "그 사람이 1963년 여름에 나보고 '뚱녀'라고 말한 거, 아직도 기억해요." 무시당한 말, 상처 입은 경험을 수 년, 아니 심한 경우는 수십 년 동안 두고두고 곱씹느라 정작 자기에게 중요한 일은 제대로 하지 못하는 사람들이 의외로 많다.

세상에 무시당하기를 좋아하는 사람은 없다. 상처받기를 좋아하는 사람도 없다. 그건 뛰어난 성취를 해낸 사람들의 경우도 마찬가지이다. 하지만 그들은 부정적인 비판을 받아도 그런 것에 휘둘려 중심을 잃지는 않는다. 그들은 그 점이 다르다.

사람들은 대개 비난을 받거나 자신이 틀렸다는 말을 들으면 겉으로는 태연한 척해도 속으로 툴툴거리기 시작한다. 부정하면서 화를 내거나 아니면 침묵을 지키거나 토라진다. 조금 심하면 심술을 부리고 없는 데서 욕을 한다. 그보다 좀더 심하면 울고불고 난리를 치기도 한다. 복수하겠다고 이를 갈면서 벌건 대낮부터 술을 퍼마시는 경우도 있다. 또 어떤 사람은 집에 들어가 죄 없는 애들에게 소리를 지르거나 엉뚱한 사람에게 화풀이를 하면서 남을 괴롭힌다.

하지만 비난이나 비판을 받을 때 새로운 아이디어가 떠오르는 경우가 많다. 어쩌면 지금까지 상상도 못했던 좋은 아이디어를 얻을지도 모른다. 조금만 생각을 바꾼다면 말이다.

경우에 따라 다르지만 가장 가혹한 비평을 하는 사람이 가장 유익한 은인이 될 수도 있고, 가장 듣기 좋은 말을 해주는 사람이 의도와 무관하게 우리를 망칠 수도 있다.

예일 대학 학생이었던 프레드 스미스는 화물을 보내고 받는 방식을 혁명적으로 바꾸어놓을 획기적 화물 운송 아이디어를 생각해 리포트를 제출했다. 담당교수는 실행가능한 아이디어가 아니라면서 C학점을 줬다. 그는 교수의 지적사항을 겸허하게 수용하고 아이디어를 보완한 후 구체적인 실행방법을 찾아내 몇 년 후에 페덱스FedEx를 설립했다.

미식축구 슈퍼볼 MVP 하인스 워드는 이렇게 말했다. "나는 줄곧 '너는 못할 것이다'라는 말을 들어왔다. '프로가 될 수 없다' '키가 작다' 등등 이것도 안 되고 저것도 안 된다는 식의 말들을 숱하게 들었다. 나는 그 말들을 동기부여의 기회로 활용해 이 자리에 섰다. 그러니 '너는 안 된다'는 말에 신경 쓰지 마라."

이처럼 다른 사람들의 비난이나 비판을 터닝 포인트로 전환시키는 것을 '전환전략Transition Strategy'이라고 한다.

살다 보면 다른 사람들의 험담이나 비아냥거림, 비난이나 무시를 모두 피할 수는 없다. 아무리 살아 있는 부처 같은 사람이라도 말이다. 예기치 않은 비판에 현명하게 대처하고 그것을 긍정적인 성과로 전환시키려면 평소 염두에 둬야 할 몇 가지 고려사항이 있다.

성난 개와
싸우지 말자

첫째, 그냥 재미삼아 동의하고 도움을 요청하자. 누가 "말로만 떠들지 말고 행동으로 좀 보여 봐."라고 비난하면 얼굴을 붉히고 주눅이 들거나 핏대를 올리면서 맞받아치지 말자. 대신 조금은 진지하게 "맞아요. 그게 제 문제예요."라고 말해보자. 그러면 상대방은 김이 빠지고 주변 사람들은 당신의 유연성에 감탄하면서 빙긋이 미소를 지어줄 것이다. 왜 그럴까? 상처를 받아 기가 죽거나 맞받아치면서 화를 낼 거라는 예상이 빗나갔기 때문이다. 비난을 가장 효과적으로 잠재우는 방법은 상대방의 말을 얼른 인정하고 받아들이는 것이다.

비난에 정면으로 맞서지 않고 상대방의 의견을 진지하게 수용하는 것은 일종의 '김빼기 작전Steam-Out Technique'이라고 할 수 있다.

《손자병법》에서도 부저추신釜底抽薪 전략을 소개하고 있는데, 이는 '끓고 있는 가마 솥釜을 진정시키려면 밑底의 장작을薪 끄집어내서 솥의 김을 빼야 한다抽!'는 뜻이다. 이 전략은 우리를 비난하는 사람에게 정면으로 도전하기보다는 상대방이 왜 우리를 비난하는지 냉정하게 따져보고, 그의 감정을 잠재울 수 있는 말과 행동을 선택하여 상대방이 스스로 비난을 거두어들일 수 있는 상황을 조성하라고 가르친다.

토론회나 논문 발표장에서 발표자에게 비판적인 질문을 하는 사람들 중 상당수는 자기의 지식과 존재를 과시하기 위해 질문을 활용한다. 이런 경우, 잘 알지도 못하는 내용을 들먹거리면서 비판을 방어하느라 진땀을 빼는 발표자들이 많다. 하지만 질문자의 비판내용을 겸허하게 수용하면서 모르는 것을 모른다고 솔직하게 인정하면 생각보다 훨씬 일이 수월하게 끝난다. 한 걸음 더 나아가 상대방에게 정중하게 도움을 요청하면 의외로 많은 것을 얻어낼 수도 있다.

사람들은 자신의 존재를 인정받고 싶어 남을 비난하는 경우가 많다. 그러므로 상대방의 의견을 진지하게 수용하기만 하면 대개 비난을 중지한다. 이미 욕구가 충족되었기 때문에 더 이상 계속할 필요가 없어진 것이다.

반면, 격렬하게 저항하면서 적대적으로 반응하면 상대방의 비판 강도는 점점 거세진다. 자신의 생각이 틀리지 않다는 것을 기를 쓰고 증명하고 싶기 때문이다. 말다툼을 할 때도 상대방으로 하여금 이기게 해주는 사람이 더 강한 사람이라는 인상을 주는 경우가 많다. 상대방의 의견을 수용하고 정중하게 도움을 요청하면 비판을 거두고 더 많은 것을 제공해주는 경우도 많다. 사람들은 누구나 자기를 인정해주는 사람에게 그에 상응하는 뭔가를 베풀고 싶어하기 때문이다.

1865년 4월 15일, 에이브러햄 링컨이 존 윌크스 부스로부터 저격당했을 때 스탠튼 국방장관은 이렇게 말했다. "여기에 세상에서 가장 완전하게 인간을 다스렸던 사람이 누워 있다." 그런 링컨도 한때는 남을 비판하기를 좋아했고, 다른 사람의 비판에 견디지 못하고 흥분할 때가 자주 있었다.

젊은 시절 링컨은 제임스 쉴즈라는 정치가를 신문에서 비방해 화가 머리끝까지 난 쉴즈로부터 결투 신청을 받게 되었다. 미시시피 강변 모래사장에서 목숨을 건 결투를 막 시작하려는 순간, 입회인들이 중재에 나서 그 결투는 피를 보기 직전에 극적으로 중단되었다. 링컨의 생애에서 가장 몸서리치는 끔찍한 사건이었다. 그 사건을 통해 링컨은 귀중한 교훈을 깨닫고 그 뒤로는 두 번 다시 남을 모욕하거나 비웃지도 않았다.

그러던 어느 날 링컨은 동료들과 격렬하게 다투고 있는 젊은 장교에게 이렇게 충고했다. "나도 젊은 시절에는 논쟁과 험담을 곧잘 했지만 결투 사건 이후에는 생각을 완전히 바꿨다. 옳고 그름을 밝히기 위해 개와 싸우다 물리기보다는 개가 도망갈 길을 터주는 것이 현명하다. 개에게 물리고 나서 개를 죽여봤자 개에게 물린 상처가 치유되는 것은 아니기 때문이다."

소크라테스 역시 비슷한 교훈을 우리에게 남겼다. 한 번은 소크라테스가 길을 가는데 어떤 불량한 사람이 뒤에서 돌을 던지며 조롱했다. 하지만 소크라테스는 모른 체하며 그냥 지나갔다. 옆에서 지켜보던 사람이 도저히 참지 못하고 자기가 대신 보복을 해주겠다고 소리쳤다. 이를 들은 소크라테스가 그에게 이렇게 충고했다. "자네는 개가 짖으면 같이 짖고 나귀가 뒷발로 차면 같이 차겠는가?"

살다 보면 아무리 인내심을 발휘하려 해도 끈질기게 물고 늘어지는 사람들을 만날 때가 있다. 그럴 때는 그냥 링컨이나 소크라테스처럼 이렇게 생각하자. "개와 싸우지 말자. 개를 물지도 말자. 개가 짖는다고 같이 짖을 수도 없고 개가 문다고 똑같이 개를 물 수는 없는 일이 아닌가?" 아라비아 속담에는 이런 말도 있다. "개가 짖을 때마다 멈춰서면 결코 우리의 길을 다 갈 수 없다."

226

둘째, 그 상황에서 배울 수 있는 것을 찾아보자. 어떤 분야에서든 그 분야에서 최고가 되려면 배우는 자세를 가져야 한다. 배우려고 마음만 먹으면 어떤 상황에서도 우리는 배울 점을 찾아낼 수 있다. 부정적 비평 속에서 진정 도움이 되는 것이 무엇인지 찾아낼 수 있어야 한다.

내가 잠시 만난 다국적기업의 CEO 한 분은 자신의 성공비결을 '스스로를 낮추고 배우려는 자세'라고 하면서 이렇게 말했다. "신입사원으로 입사해보니 지방대 출신은 저 혼자밖에 없었어요. 저는 명문대를 나온 그들에게 늘 배우려 했는데 그들은 제게 배우려고 하지 않더군요."

뭔가를 제대로 배우려면 가장 먼저 다른 사람의 비난이나 비판을 받아들이고 바보가 되는 법을 배워야 한다. 목표에서 눈을 떼지 않고 가고자 하는 일에 집중하면 주변의 유혹과 비난은 보이지도 않고 들리지도 않는다. 대신 그 상황이 가르치려고 하는 것이 무엇인지 볼 수 있다. 비난에 휘둘린다면 그건 목표에서 눈을 뗐다는 증거이다.

영국의 배우이자 연출가 로렌스 올리비에는 이렇게 설파했다. "당신이 아무리 잘했더라도, 반드시 어디선가 꽤 명석한 한 사람이 나타나 그것이 형편없다고 말할 것이다." 그렇다. 우리가 어떤 일을 하건 가끔 우리를 형편없다고 비난하는 사람들이 나타나게 되어 있다. 명석한 사람들이 우리를 비난한다면 그들에게 가르침을 청하자. 그리고 흔들리지 말고 그냥 목표를 향해 뚜벅뚜벅 걸어가자. 목표가 확고하고 그 일에만 온 힘을 집중하면 주변의 유혹과 비난에 흔들리지 않는다.

세상 사람들이 다 금연을 해도 당신은 안 돼!

셋째, 비난이나 비판을 터닝 포인트로 활용하자. 공기 저항이 없으면 독수리가 비상할 수 없듯이 반대나 비난이 없으면 발전 가능성도 없다. 성공한 사람들에게 성공의 계기를 물어보면 실패한 사람들과 달리 비난이나 무시를 오히려 터닝 포인트로 활용한 경우가 많다.

내게 상담을 받던 한 사람은 정말 특이한 이유로 금연에 성공했다. 40대 주부인 그녀는 대학시절부터 피운 담배를 끊기 위해 온갖 방법을 다 써봤지만 번번이 실패했다. 그런데 어느 날 남편이 비웃듯이 말했다. "세상사람 모두 다 금연을 해도 당신은 절대로 안 돼." 그 이후 모든 것이 해결되었다. 담배를 피우고 싶은 생각이 들 때도 있지만 남편의 생각이 틀렸다는 것을 증명하기 위해 오기로 담배를 피우지 않게 되었다. 정말 유치한 이유로 금연에 성공한 것이다.

어떤 분야에서 크게 성공한 사람들도 깊이 들여다보면 이처럼 다소 유치한 이유가 성공의 계기로 작용한 경우가 많다.

세계에서 가장 영향력 있는 CEO 중 한 명인 GE의 전(前) 회장 잭 웰치는 그의 책에 이렇게 쓰고 있다. "1958년 석사학위를 받고 졸업할 무렵 미국은 심각한 경기 침체기에 접어들게 되어 입사 제의가 현저히 줄어든 데다, 옆자리 동료에게 '박사님'이라는 호칭이 붙는 것을 보고 '미스터 웰치'라는 호칭보다 '웰치 박사님'이라는 호칭이 더 듣기 좋다고 생각해 미래에 대한 특별한 계획도 없이 박사과정에 들어갔다."

대학 재학중에 사법고시, 외무고시, 행정고시에 모두 합격하고 서울대 법대를 수석으로 졸업해 변호사, 방송인, 투자전문가, 저술가, 정치인, 명강사로 보통 사람들은 엄두를 내지 못할 정도로 다양한 분야에서 활동하고 있는 한 정치인 역시 이렇게 말했다.

"사실 저는 외모 콤플렉스가 정말 심했습니다. 미팅을 나가면 머리는 크고 키는 작고, 얼굴은 볼품없다고 모두 거절당했습니다. 그래서 처음엔 무시 안 당하려고 공부했습니다. '고시에 합격하면 사람들의 태도가 달라질 것이다'라는 마음이었습니다. 실제로 고시에 합격하니 생각보다 훨씬 더 환상적이었습니다. 대학 졸업 후 부모님께 큰 절을 올렸습니다. 똑똑한 머리를 물려줘서가 아니라, 변변찮은 외모 덕에 그저 고시에만 전념할 수 있었기에 감사하다는 의미로 말입니다."

가장 멋진 복수는
그들이 틀렸음을 증명하는 것

진지하지도 않은 다른 사람들의 평가에 너무 진지하게 반응하면서 너무 많은 에너지를 낭비하는 사람들이 많다. 우리에게 관심도 없는 사람들의 비판에 너무 관심을 기울이는 경우도 많다. 다른 사람들의 평가에 너무 진지하게 반응하지 말자. 그들의 평가는 진지한 고민 끝에 나온 것이 아닌 경우가 많다. 주변 사람이 던진 말 한마디에 너무 관심을 갖고 많은 날을 허비하지 말자. 그들은 생각처럼 우리에게 관심이 없다.

한 기자가 영화배우 모건 프리먼에게 물었다. "누군가 당신을 깜둥이라고 욕한다면 당신은 어떻게 하시겠습니까?" 그러자 그는 웃으면서 이렇게 대답했다. "그건 무례한 그 사람의 문제이지, 제 문제는 아닙니다. 누군가 저에게 준 것을 제가 받지 않으면 주인에게 다시 되돌아가게 됩니다. 비난도 그렇습니다. 받지 않으면 제 것이 아닙니다."

지나가는 말로 툭 던진 어떤 사람의 말 한마디로 소중한 내 삶을 망치지는 말자. 그 사람은 지금 그가 소중하게 생각하는 일을 하고 있다. 불에 불로 맞서지 말고 적개심으로 에너지를 탕진하지도 말자. 상처를 준 사람을 곱씹으면서 그들이 우리의 기분이나 생각, 더 나아가 우리의 인생을 좌지우지하게 놔두지 말자. 다른 사람으로부터 상처를 받으면 누구나 마음이 아프다. 그건 나도 그렇다. 하지만 그릇의 크기는 일이 잘 돌아갈 때가 아니라 일이 제대로 풀리지 않을 때, 다른 사람으로부터 상처를 받았을 때 더 쉽게 판가름이 난다.

다른 사람들이 우리가 실패할 거라 판단할 때 우리가 취할 수 있는 행동은 두 가지 중 하나가 될 것이다. 하나는 그들의 예언대로 실패해서 그들이 옳다는 것을 증명해주고 그들을 기쁘게 해주는 것이다. 또 하나는 성공적이고 행복한 삶을 살면서 그들의 생각이 틀렸음을 증명해 보이는 것이다. 어느 쪽을 택할지 그것은 우리 각자의 몫이다.

우리를 비난하고 상처 준 사람을 생각하느라 정작 해야 할 중요한 일을 못 했다면 그건 우리가 그들에게 우리의 인생을 조종하도록 허락한 것과 같다. 인생의 가장 큰 비극은 다른 사람들이 우리의 삶을 좌우하게 하는 것이고, 인생에서 가장 큰 즐거움은 사람들이 "너는 안 돼."라고 했던 일을 멋지게 해내는 것이다. 우리를 무시하는 사람들을 대하는 가장 우아한 태도는 그들로부터 감사할 일을 찾아내는 것이고, 우리에게 상처를 입힌 사람들에 대한 최고의 복수는 그들이 틀렸음을 증명하고 그들보다 더 즐겁게 사는 것이다. 그래서 더 이상 복수할 필요를 느끼지 않는 상태에 이르는 것이다.

훗날 그대가 "당신의 비난 덕에 이렇게 목표를 이룰 수 있었어요."라고 감사 카드를 쓰고 싶어질 사람은 누구인가? 그대는 무슨 일을 이루어 그의 생각이 틀렸음을 증명하고 싶은가?

❶ 다른 사람들로부터 비판이나 비난을 받아 상처를 입었던 경험을 찾아 보자.

-----

❷ 그때 당시의 대처방법은 무엇이었으며 그 방법의 부작용이나 아쉬운 점은 무엇이고 보완할 점은 무엇인가?

-----

❸ 나를 무시하고 비난했던 사람의 생각이 틀렸다는 것을 증명하기 위해 내가 당장 실천해야 할 일은 무엇인가?

그대에게는 어떤 자격이 있는가?

진시황의 생부이자 진(秦)나라의 재상, 여불위(呂不韋)는 당대의 어진 선비들을 예로서 대하고 식객으로 받아들여 그들의 생각을 《여씨춘추(呂氏春秋)》란 책으로 엮었다. 여기에 인재를 판단하는 기준 '인재등용 육험론(六驗論)'을 소개하고 있다. 2000여 년 전에 만들어진 이 기준은 오늘날에도 중시되고 있다.

첫째, 희지이험기수(喜之以驗其守)다. 즉 그 사람을 기쁘게 해주고 얼마나 자제할 수 있는지 시험한다. 둘째, 낙지이험기벽(樂之以驗其僻)이다. 즉 그 사람을 즐겁게 해서 거기에 얼마나 빠져드는지 시험한다. 셋째, 노지이험기절(怒之以驗其節)이다. 즉 그 사람을 성나게 해서 스스로 절제할 수 있는가 시험한다. 넷째, 구지이험기특(懼之以驗其特)이다. 즉 그 사람을 두렵게 하여 얼마나 내색하지 않는가를 시험한다. 다섯째, 애지이험기인(哀之以驗其人)이다. 즉 그 사람을 슬프게 하여 그 마음을 얼마나 잘 삭이는지를 시험한다. 여섯째, 고지이험기지(苦之以驗其志)다. 즉 그 사람을 괴롭혀서 얼마나 잘 참아내는지를 시험한다. 그렇다면 그대는 이 기준에 얼마나 부합하고 있으며 변화가 필요한 부분은 무엇인가?

비난받고
실패하고
좌절해
넘어질때
왜 화내고
포기하지
않냐고?

왜냐면 난!
넘어질때마다
무언가 주워서
일어났거든!

— 에이버리
(생물학자)

15

좋아하면 판단할 필요가 없다

생각 뒤집기 기법 Mind Flip Technique

설득을 하려면 상대방이 당신의 메시지뿐만 아니라 당신을 믿어야 한다.
_크리스 세인트 힐레어Chris St. Hilaire

「이제 고등학생이 되는 아들이 있습니다. 이 아이만 생각하면 가슴이 답답합니다. 정말 힘이 듭니다. 전교 10등까지 했던 아이입니다. 지금은 공부에 손을 놓아 전교 200등까지 떨어졌습니다. 어느 날부터 드럼에 빠져 공부에서 손을 뗐는데 지금은 그것도 시들해졌습니다. 그 후로는 한동안 농구에 빠졌다가 최근에는 하루 종일 게임만 하고 있습니다. 참다 참다 도대체 대학은 어떻게 갈 거냐고 한마디 하면 난리가 납니다. 맞벌이가 아니라 거의 하루 종일 그 아이를 보고 있노라면 정말 미워 죽겠고 화가 나서 미치겠습니다. 도대체 어떻게 해야 할까요?」

고등학생 아들을 둔 40대 가정주부인 독자가 보내준 메일 내용 중 일부다.

누군가를 설득하기 위해
가장 중요한 것은 무엇일까

세일즈맨들을 대상으로 강의를 하다 보면 이렇게 물어오는 경우가 많다. "교수님, 고객을 설득하기 위해 가장 중요한 것이 무엇일까요?" 나는 이렇게 답한다. "고객을 좋아해야만 합니다." 말썽쟁이 학생들의 버릇을 고치기 위해 가장 중요한 것이 무엇인지 물어오는 선생님들에게도 똑같이 대답한다. "학생들을 좋아해야만 합니다." 존경받는 CEO가 되기 위해서 유념해야 할 것이 무엇인지 묻는 경영자들에게도 똑같이 대답한다. "직원들을 좋아해야만 합니다." 아이에게 공부를 열심히 하게 하려면 어떻게 해야 하냐고 묻는 부모들에게도 똑같은 대답을 한다. "그 아이를 좋아해야만 합니다."

내 지인 중에 의사들을 대상으로 영업을 하는 제약회사 영업부 직원이 있다. 그는 정말로 열심히 뛰고 있는데도 매출이 별로 늘지 않는다면서, 리베이트를 마음대로 제공할 수도 없는 요

237

즘과 같은 상황에서 고객들을 효과적으로 설득하려면 어떤 심리학적 설득 테크닉을 공부해야 하는지 물어왔다. 그와 이런저런 이야기를 하는 과정에서 나는 그가 자기가 하는 일에 흥미를 느끼지도 못하고 성공도 못하는 이유 한 가지를 찾아냈다. 그가 상대해야 하는 영업 대상을 전혀 좋아하지 않는다는 것이었다.

그는 의사들이 얼마나 도도하고, 고집불통인지, 접대 여부에 따라 태도가 어떻게 달라지는지 구체적인 사례들을 끝도 없이 찾아냈다. 한마디로 그는 의사들을 돈만 밝히는 족속으로 취급하고 있었다. 나는 그의 태도가 영업 대상인 의사들의 모습이라기보다는 사실 그 자신과 그가 세상을 바라보는 방식을 반영한 것이라고 믿는다. 그가 그 분야에서 성공하려면 자기가 만나는 고객들에게 호감을 가졌어야 했다. 만약 그의 고객인 의사들이 얼마나 힘든 과정을 거쳐 그 자리에 서게 되었는지, 의사가 되고 나서도 고통에 시달리는 환자들을 위해 얼마나 힘들게 일하는지를 떠올리면서 그들의 좋은 점을 찾아낼 수 있다면 그가 처한 상황은 완전히 달라질 것이다.

실제로 내가 만난 다른 제약회사의 영업담당 임원 한 분은 이렇게 말했다. "제가 이 자리까지 오르게 된 것은 전적으로 의사 선생님들 덕택입니다. 의사 선생님들을 만나보면 의외로 좋은 분들이 많습니다."

60세가 넘어서 사진을 공부하기 시작해 인물사진의 대가가 된 사토 도미오佐藤富雄에게 기자가 물었다. "선생님. 사진을 잘 찍으려면 어떤 기술이 가장 중요합니까?" 그는 이렇게 대답했다. "그 어떤 기술보다 더 중요한 것이 있습니다. 그것은 촬영자가 피사체를 먼저 좋아해야 한다는 것입니다. 카메라의 눈은 정말 정직합니다. 촬영자가 피사체에 대해서 관심도 애정도 느끼지 않는다면, 그런 메마른 감정이 사진에도 그대로 나타납니다." 정말 놀라운 통찰력이 아닌가?

사람은 자기를
좋아하는 사람을 좋아한다

설득을 하려면 상대방이 여러분의 메시지뿐만 아니라 여러분 자체를 믿어야 한다. 믿음이 가지 않는 사람이 말을 한다면 그 어떤 메시지를 전달하더라도 사람들은 그걸 받아들이지 않을 것이다.

그렇다면 어떻게 하면 상대방이 우리를 믿게 할 수 있을까? 정말 효과적인 방법 한 가지가 있다. 상대방이 우리를 좋아하면 된다. 다행히도 사람들이 우리를 좋아하게 만들기는 아주 쉽다.

우리가 먼저 그들을 좋아하면 된다. 왜냐하면 사람들은 자기를 좋아하는 사람을 좋아하기 때문이다.

어떤 사람이 좋아지면 그 사람이 하는 말과 행동은 말할 것도 없고, 관련된 사물까지도 좋아지게 되는 데 이걸 심리학에서는 '감정전이Transfer of Affect' 현상이라고 말한다. 사람은 자기를 좋아하는 사람을 좋아하며, 좋아하면 상대방을 판단할 필요가 없다. 좋아하는 사람이 하는 말은 무조건 따르고 싶어지는 게 사람의 마음이기 때문이다. 그러므로 누군가를 설득하려면 그 무엇보다 그를 먼저 좋아해야 한다. 사람들은 좋아하는 사람이 생기면 그가 무엇을 좋아하는지 찾으려 하고, 좋아하는 사람이 좋아하는 일이라면 기를 쓰고 하려고 하기 때문이다.

자녀들을 게으르고 성격이 나쁜 '문제아'라고 생각하면서 적대시하는 한, 절대로 그들을 효과적으로 설득할 수 없다. 고객들을 까다롭고 무례한 존재로 취급하면 결코 사업으로 성공할 수 없다. 학생들을 무식하고 버릇없는 존재로 생각해 시시때때로 면박을 준다면 학생들이 존경하고 따르는 교사가 될 수는 없다. 직원들을 봉급이나 받아 챙기는 이기적인 존재로 대하는 경영자는 결코 존경받는 CEO가 될 수 없다.

어디서 무슨 일을 하건 일을 하면서 상대해야 할 사람들을 좋아하지 않는다면 결코 그 일을 좋아할 수 없게 되고, 그 일을 좋아할 수 없다면 결코 그 일로 행복할 수도 없고 성공할 수도 없다. 따라서 어떤 일에서 성공하고 싶다면 거기서 만나는 사람들을 좋아하는 연습부터 해야 한다.

좋아하고 싶다면
생각 뒤집기 기법을 이용하라

어디서 무슨 일을 하건 거기서 만나야 하는 사람들을 좋아해야 한다고 말하면 자기는 마음에 없는 말이나 아부는 못 한다고 말하는 사람들이 있다. 마음에 없는 말을 하거나 아첨을 하라는 말이 아니다. 피할 수 없으면 즐기라고, 어쩔 수 없이 얼굴을 맞대야 할 사람이라면 어떻게 해서든 좋은 점을 찾아내야 한다는 것이다. 그래야 우리의 삶이 행복해지고 더 많은 것을 이룰 수가 있기 때문이다.

상대방에 대한 인상을 바꾸는 아주 효과적인 방법이 있다. 어떤 사람의 성격을 묘사하는 단어들을 생각해본 다음에 부정적인 내용이 있으면 그 성격을 긍정적으로 표현할 수 있는 단어로 대치해보는 '생각 뒤집기 기법Mind Flip Technique'이다. 예를 들면, 어떤 사람을 생각할 때 '고집스럽다' '우유부단하다' '노골적이다' '깔끔을 떤다' '인색하다'라는 말이 떠오른다면 다음과 같이 바꿔보는 것이다. '단호하다' '신중을 기한다' '진솔하다' '청결하다' '검소하다' 여기서 중요한 것은 '사실' 자체를 바꾸려고 하는 것이 아니라 '사실'을 묘사하는 어휘만을 바꾼다는 것이다.

생각 뒤집기 기법 Mind Flip Technique

고집스럽다	=>	단호하다
우유부단하다	=>	신중하다
노골적이다	=>	진솔하다
깔끔을 떤다	=>	청결하다
인색하다	=>	검소하다

단어 몇 개 바꾼다고 생각이 달라지냐고 반문하고 싶은 사람이 있을지도 모르겠다. 하지만 어휘의 위력은 실로 막강하다. 어휘는 우리의 생각을 결정하고 우리의 생각은 우리의 태도와 행동을 결정한다. 단어를 바꾸는 것만으로도 우리는 얼마든지 크나큰 변화를 일으킬 수 있다.

사회심리학자 헤럴드 켈리Herold Kelly는 학생들에게 곧 시작

될 강연의 강사에 대한 특성을 목록으로 작성해서 제시해줬다. 학생들은 다음 두 가지 중 하나를 듣게 된다. 첫 번째는 '냉정한' '부지런한' '비판적인' '실용적인' '단호한'이고, 두 번째는 '온화한' '부지런한' '비판적인' '실용적인' '단호한'이었다. 두 번째 내용을 읽은 학생들이 강사를 훨씬 더 긍정적으로 평가했다. 목록 중 맨 앞의 단어 하나만 바꿨을 뿐인데도 말이다.

자녀들에게 채소를 먹이고 싶다면 채소에 재미있는 이름을 붙여주면 된다. 미국 코넬 대학 '음식과 브랜드 연구소'에서는 뉴욕 인근의 학교 학생 1552명을 대상으로 한 실험을 통해 이를 증명했다. 셀프 서비스 식당에서 당근이나 강낭콩을 제공하면서 '엑스레이 비전 당근' '멋쟁이 강낭콩'으로 이름을 바꿔서 붙인 결과 당근과 강낭콩 같은 야채 소비량이 무려 99%나 증가했다. 단어 바꾸기의 위력, 정말 놀랍지 않은가?

생각 뒤집기로 관계 개선하기

1. 만나야 하지만 껄끄럽게 느껴지는 사람 한 명을 고른다.
2. 그를 묘사하는 부정적인 단어들을 목록으로 작성해본다.
3. 똑같은 특성을 보다 긍정적으로 묘사하는 단어로 바꾼다.

오랜만에 만나 반갑게 안부를 묻는데 상대방이 이렇게 나온 다고 치자. "야, 왜 이리 폭삭 늙었니? 눈에 주름 좀 봐라. 너 고생 많이 했구나? 완전 영감이 다 됐네." 여러분이라면 이런 친구를 좋아할 수가 있겠는가? 히틀러는 유대인들에게 '기생충' '찌꺼기' '쓰레기' '오물' '벌레' 등 수많은 부정적인 단어를 갖다 붙였다. 그리하여 그렇게도 끔찍한 만행을 저질렀다.

상대방에게 불편한 감정을 불러일으키고 싶다면 부정적인 감정을 유발하는 단어를 선택하면 된다. 단어 하나만으로도 우리는 얼마든지 상대방에 대한 우리의 감정을 바꿀 수도 있고 상대방을 우울하고 화나게 만들 수도 있다. 반대로 얼마든지 그를 행복하고 기분 좋게 만들 수도 있다.

인간관계든 비즈니스든 도저히 풀릴 것 같지 않던 문제가 어느 순간 매듭 하나가 풀리면서 스르르 풀릴 때가 있다. 이런 경우 잘 살펴보면 한 가지 공통점이 있다. 상대방을 좋아한다는 우리의 진심이 제대로 전달되었을 때다. 인간은 합리적인 존재가 아니다. 사람은 자기를 좋아하는 사람을 좋아하고, 좋아하면 판단할 필요가 없다. 그대가 이루고자 하는 꿈은 무엇인가? 이를 위해 좋아해야 할 사람은 누구이며 당장 해야 할 연습은 무엇인가?

❶ 나는 일하면서 만나는 사람들을 얼마나 좋아하는가? 그것은 내가 하는 일에 어떤 영향(부정적 혹은 긍정적)을 미치는가?

----

❷ 내가 일하면서 만나는 사람 중 좋아하지 않는 사람 한 명을 찾아보고 그의 성격특성을 묘사하는 부정적인 단어들을 적어보자.

----

❸ 생각 뒤집기를 활용해 그 성격특성을 긍정적으로 묘사하는 단어들을 찾아 바꿔보자.

그 말을 레닌이 했다고?

"나는 약간의 반란은 좋은 것이며 자연계에서의 폭풍처럼 정치계에서도 필요하다는 것을 인정한다." 1936년 심리학자 로지는 두 반의 대학생들에게 위와 같은 메시지를 제시하면서 이에 대한 찬반 의견을 물었다. 황당한 결과가 나타났다. 메시지의 내용은 토씨 하나 틀리지 않는데 두 반의 반응이 완전히 다른 것이다. A반은 거의 대부분의 학생들이 찬성했지만 B반의 경우는 거의 대부분의 학생이 반대했다. 어떻게 이런 결과가 나올 수 있을까? 메시지의 내용은 동일하지만 한 가지 작은 차이가 있었다. A반에게는 이 말 끝에 토머스 제퍼슨의 이름을, B반에게는 레닌의 이름을 적어놓았다. 분명히 메시지의 내용만 보고 판단하라고 지시했지만 학생들은 메시지가 아니라 메시지의 주인공을 보고 판단했기 때문이다. 존경하는 3대 대통령인 토머스 제퍼슨에 대한 긍정적 감정은 그가 한 말을 긍정적으로 평가하게 한 반면, 당시 미국 사람들이 가장 싫어했던 공산주의 혁명가 레닌에 대한 부정적 감정은 그 메시지까지 부정적으로 평가하게 만들었기 때문이다. 사람은 자기를 좋아하는 사람을 좋아하며 좋아하는 사람의 말과 행동은 판단할 필요가 없다!

1+1=2
무슨 말을
누가 했느냐
보다 누가
무슨말을
했느냐가
중요한 건
신뢰는!
말로써 사는게
아니라는
다른말

선택을 바꾸면
운명이 달라진다

우리가 하는 모든 생각과 행동은 우리의 선택이다. 현재의 당신은 지금껏 당신이 결정한 모든 선택의 총합이고 미래의 당신은 지금부터 당신이 하게 될 선택의 총합이다. 그러므로 미래를 바꾸고 싶다면 지금까지와는 다른 선택을 해야 한다. 운명을 바꾸고 싶다면 선택을 바꿔야 한다.

당신이 수화기를 들 때 누군가가 "왜 전화를 받습니까?"라고 묻는다면 당신은 당연하다는 듯이 "전화벨이 울렸잖아요?"라고 반문할 것이다. 하지만 그건 사실이 아니다. 벨소리 때문이 아니라 당신이 전화 받기를 선택했기 때문이다. 당신을 귀찮게 하는 누군가가 조금 있다 다시 전화를 하겠다고 말했다면 아무리 벨이 울려도 전화를 받지 않을 것이다.

짜증이 난다거나 화가 나서 견딜 수 없을 때 그 원인을 외부에서 찾는 경우가 많다. 하지만 외부상황이 짜증이나 분노를 유발하는 직접적인 원인은 아니다. 우리의 감정과 행동을 불러일으키는 것은 외부상황이 아니라 어디까지나 외부상황에 대한 우리의 생각과 반응이고 그것은 우리가 선택하는 것이기 때문이다.

삶에 만족하지 못하면서도 달라지지 않는 사람들에게는 한 가지 공통점이 있다. 한결같이 문제의 원인과 해결책을 외부에서 찾는다는 것이다. 문제의 원인과 해결책이 자기가 아닌 다른 어떤 것에 있다고 생각하는데 무엇 때문에 자기를 변화시키려 하겠는가? 상담을 하다 보면 좀처럼 변화를 보이지 않던 내담자가 어느 순간 달라지기 시작할 때가 있다. 자신의 문제가 자신의 선택에서 비롯된다는 사실을 깨닫고 나서다. 그러므로 진정으로 달라지고 싶다면 문제의 원인을 자신의 내부에서 찾으려고 해야 한다.

다른 사람이나 날씨를 우리 마음대로 선택할 수는 없다. 하지만 사람들에 대한 태도나 날씨에 대한 우리의 반응은 얼마든지 선택할 수 있다. 비록 우리가 해야 할 일은 선택의 여지가 없더라도 어떤 자세로 그 일을 할 것인지에 대해서는 항상 선택의 여지가 있다. 자극과 반응 사이에는 공간이 있고 그 공간에는 반응을 선택할 수 있는 자유가 있다. 우리가 바꿀 수 없는 상황이나 우리의 과거는 우리의 운명과 아무런 상관이 없다. 우리의 운명은 우리가 선택한 생각과 반응의 결과일 뿐이다.

내담자들을 상담하다 보면 의외로 많은 사람들이 불행을 스스로 선택한다는 사실에 놀라곤 한다. 하지만 정작 당사자들은 그 사실을 잘 모른다. 풍요로운 삶을 살고 싶다면서 힘들게 살 수밖에 없는 길을 선택하고, 아이들과 잘 지내고 싶다면서 관계를 악화시킬 수밖에 없는 생각만 하거나, 행복한 삶을 원하면서도 행복할 수 없는 행동을 선택하는 사람이 너무나 많다.

외부환경을 우리의 의지대로 선택할 수는 없다. 우리의 과거를 바꿀 수도 없고 우리를 대하는 사람들의 태도를 마음대로 변화시킬 수도 없다. 하지만 다행스럽게도 어떻게 반응할지는 얼마든지 우리의 의지대로 선택할 수 있다. 불행이 선택이라면 행복 역시 얼마든지 선택할 수 있다.

똑같이 차 사고를 당했는데, 한 사람은 왜 하필이면 내가 이런 사고를 당해야 하냐면서 '원망하기'를 선택한다. 하지만 다른 한 사람은 이렇게 끔찍한 사고를 당했는데도 죽지 않고 살아서 얼마나 다행인지 모른다며 '감사하기'를 선택한다. 똑같이 실연을 당하고도 어떤 사람은 시인이 되고, 또 어떤 사람은 폐

250

인이 된다. 이 모두 선택이 다르기 때문이다. 풍요로운 삶을 살고 싶다면 반드시 모든 경험에서 이득을 얻는 법을 찾아야 하고, 행복한 삶을 살고 싶다면 어떤 일에서든 긍정적인 의미를 찾아내는 법을 배워야 한다.

부정을 버리고
긍정을 실천하라

사람들은 생각을 하고, 그 생각에 대해 생각을 하며, 그런 생각을 하고 있는 자신에 대해서도 생각을 한다. 똑같은 일을 겪고도 부정적인 생각에 집중하면 부정적인 감정이 점점 더 심해진다. 부정적이든 긍정적이든 어떤 생각을 하게 되면 우리의 뇌는 거기에 대한 타당한 이유를 찾게 되고, 이유가 만들어지면 그것을 뒷받침할 만한 증거를 찾아내는 데 온 에너지를 쏟기 때문이다.

그림자가 싫다면서도 그림자만 들여다보면서 투덜거리는 사람들이 많다. "모든 상황은 의미의 씨앗을 내포하고 있다."는 빅터 프랭클의 말을 깨닫게 되면 아무리 힘든 상황에서도 그것을 터닝 포인트로 전환시킬 수 있다. 그러면 위기를 기회로 바꿀 수 있으며 우리에게 일어나는 모든 일들이 우리의 스승이

251

되어준다.

어떤 연유로 이 책을 손에 넣었건 여러분은 이 책 읽기를 선택했다. 그리고 지금 막 이 책을 끝까지 다 읽었다.

지금까지 다른 사람들의 이야기를 쓴 책에서 답을 찾았다면 이제는 독자 여러분의 이야기로 여러분만의 책을 써야 한다. 어떤 면에서 우리의 하루하루는 우리의 이야기이고 우리 모두는 각자의 이야기를 쓰면서 살아가는 작가이다.

이 책을 읽고 달라진 것은 무엇인가? 이미 다 알고 있는 내용이라고 생각하면서 책을 읽은 독자들도 많을 것이다. 사실 이 책의 내용은 누구나 알고 있는 내용일지도 모른다. 어쨌거나 책을 읽고 아무것도 달라진 것이 없다면 그건 아직도 문제의 원인이 외부에 있다고 생각하기를 선택했기 때문이다. 이미 알고 있는 것을 행동으로 실천하지 않기를 선택했기 때문이다.

과거에 부정적인 선택을 했다면 이제부터 긍정적인 선택도 할 수 있다는 것을 기억하자. 오늘과 다른 내일을 원한다면 오늘은 어제와 다른 선택을 해야만 한다. 우리는 우리 자신과 세상에 대한 생각과 행동을 선택함으로써 우리의 운명을 얼마든지 변화시킬 수 있다.

어떤 사람이 사랑하는 사람을 잃었다면 시간이 얼마만큼 지나야 슬픔에서 벗어날 수 있을까? 생물학적으로는 바로 다음날

정상으로 되돌아올 수 있다. 어린 아이들을 보라. 서럽게 울다가도 한숨 자고 나면 그걸 완전히 잊어버리고 방글거린다. 슬픔에서 벗어나는 기간이 사람마다 다른 이유는 사람마다 '이 정도면 됐다'는 애도기간에 대한 믿음이 다르기 때문이다.

사람들이 변화를 원하면서도 쉽게 달라지지 않는 가장 중요한 이유는 변화는 점진적으로 일어나며 시간이 많이 걸린다는 믿음을 갖고 있기 때문이다. 우리가 한순간에 완전히 달라질 수 있다는 믿음을 선택하기만 하면 1%의 작은 계기로도 얼마든지 전혀 다른 사람이 될 수 있다.

나는 이 책을 읽은 독자 여러분 모두가 지금까지와는 다른 믿음을 선택해 지금보다 훨씬 더 풍요롭고 행복한 삶을 살 수 있기를 기원한다. 그리하여 이 세상에 더 많은 기여를 할 수 있기를 간절히 소망한다.

긍정적으로 사고하라.
왜냐하면……

항상, 긍정적으로 생각하라.
왜냐하면 생각은 당신의 말이 되기 때문이다.

항상, 긍정적으로 말하라.
왜냐하면 말은 행동이 되기 때문이다.

항상, 긍정적으로 행동하라.
왜냐하면 행동은 습관이 되기 때문이다.

항상, 긍정적인 습관을 갖도록 하라.
왜냐하면 습관이 가치가 되기 때문이다.

항상, 당신의 가치가 긍정적이 되도록 하라.
왜냐하면 그 가치는 당신의 운명이 되기 때문이다.

-마하트마 간디

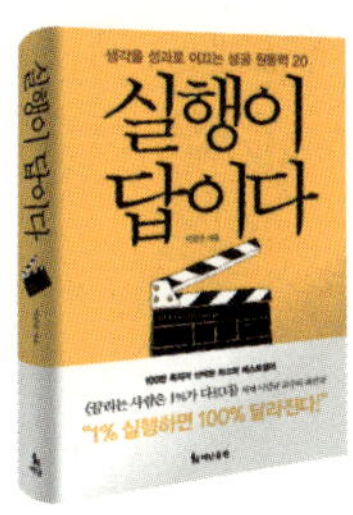

실행이 답이다

이민규 지음 | 304쪽(양장) | 값 14,000원

지금까지 당신이 알고 있던 생각뿐인 '성공 공식'을 뒤집어라!

꿈을 이루는 사람과 그렇지 못한 사람의 차이는 무엇일까? 답은 딱 하나, '실행'이다. 실행하지 않은 생각은 아무런 결과를 가져오지 않는다. 이 책은 '실행'을 '달성하는 법', 즉 '실행력' 부족을 개선하기 위한 사고방식과 실행 노하우를 설명한다.

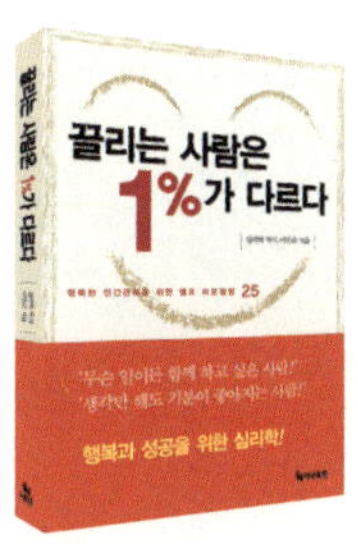

끌리는 사람은 1%가 다르다

이민규 지음 | 257쪽(양장) | 값 12,000원

100만 독자가 선택한 최고의 인간관계 책!

이 책은 성공하는 인간관계를 위한 인간관계 개선 프로젝트이다. 지금보다 조금 더 나은 자신을 원하고, 삶의 질이 한층 더 높아지기를 고민하는 사람이라면 이 책을 통해 지금까지의 관계 패턴을 돌아보고 보다 효과적인 대안들을 모색해 실천해볼 수 있다.

1%만 바꿔도 인생이 달라진다

이민규 지음 | 296쪽(양장) | 값 12,000원

매일 결심만 하는 당신에게

이 책은 많은 사람들이 흔히 가지고 있는 부적절한 사고와 행동 패턴을 다루고 있다. 간절히 원하는 것임에도 불구하고 행동으로 옮기지 못하는 원인을 파악하고, 거기서 벗어나기 위한 방법과 대안을 제시한다.

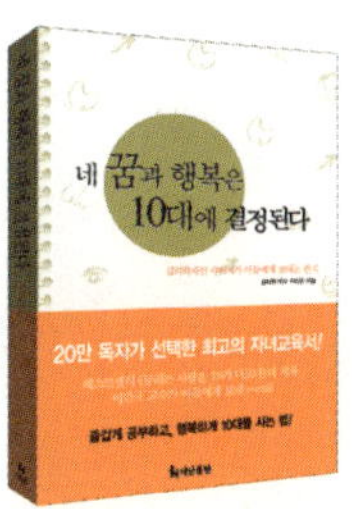

네 꿈과 행복은 10대에 결정된다

이민규 지음 | 296쪽 | 값 10,000원

생각을 바꾸면 10대의 운명이 바뀐다!

대한민국의 평범한 부모로서의 절박한 필요에 의해 한 심리학자가 부모의 말이라면 으레 듣기 싫어하는 아들을 보며 '이랬으면 좋을 텐데' 하는 생각이 들 때마다 보냈던 이메일을 차곡차곡 모았다. 신학기, 입시 공부에 힘들어하는 자녀에게 주는 선물로는 안성맞춤이다.

인간이 불행한 것은 그가 행복하다는 것을 모르기 때문이다.
그것을 깨닫게 되면 한순간에 행복해질 수 있다.

-도스토예프스키

이 책을 읽고 달라진 것은 무엇이고, 당장 실천할 일은 무엇인가?